ラストワンマイルの使命

野田 慎太郎
NODA SHINTARO

幻冬舎MC

ラストワンマイルの使命

はじめに

物流システムの「ラストワンマイル」を担うドライバーが安心して配送業務に専念できる環境を整えたい――。そんな思いから私は運送業界の常識を変えるべく、社内改革を続けてきました。

一般的な物流におけるプロセスには、製造元から集荷し、中継地点や物流センターを経由するなど、受取人に届くまでにいくつかのステップがあります。ラストワンマイルとはこのプロセスのなかで最終拠点から商品を受取人のもとへ届ける最後の区間のことを意味します。つまり、このラストワンマイルを支えるドライバーがいなければ、受取人に荷物が届くことはなく、社会インフラにおいて非常に重要な役割を果たしているのです。

しかし、運送業界におけるドライバーの労働環境は決して良いものだとはいえません。重労働の割に報酬は低く、長時間労働や休日勤務も少なくありません。そうした環境下で、交通渋滞や天候不良などのストレスを抱えながら事故なく安全に荷物を届けなければいけない重い責任も常につきまといます。また、劣悪な労働環境はドライバーの人手不足に拍車を掛けて運送業界全体における大きな問題となっているのです。

私はもともとアルバイトとして20歳で運送ドライバーになって以降、これまで15年以上、運送業界一筋でラストワンマイルを駆け続けてきました。

トラックに乗り込み荷物を運んで届けるという業務をこなすなかで、運送業者が複数の下請け業者に業務を委託し、下請け業者がさらに別の下請け業者に業務を委託するという多重下請け構造の問題を身をもって感じました。多重下請け構造は、一つの運送業務が複数の企業によって分業されるため、末端の業者ほど請負金額は安くなります。そのため無理をしてでも量をこなさなければ事業が成り立ちません。

私はドライバーが劣悪な環境から抜け出せない背景には、こうした業界全体における構造的な問題が関係していると気づきました。そして、自分と同じように業界の構造に苦しむドライバーを一人でも救いたい――そんな思いからドライバーが働きやすい管理体制の構築を目指して運送会社を設立しました。

私が経営者として行ったのは、ドライバーの賃金アップや福利厚生の充実、次世代のドライバーを育てる教育制度の整備など業界の常識を覆す数多くの社内改革です。また、中間業者を通さず委託先から直接受注することで、物流プロセスの最も大きな問題であった多重下請け構造を回避することもできました。こうした改革を通じて私の会社のドライバーは若者を中心に増え、荷物の取扱量も増え業績は右肩上がりを続けています。

本書では私が考えるラストワンマイルの社会的使命とは何か、そしてその使命を果たすために私が取り組んできた社内改革について詳しくお伝えします。

この本がラストワンマイルを担うドライバーの社会的地位の向上につながり、重要な社会インフラでもあるラストワンマイルを守ることができれば著者として望外の喜びです。

目次

3 はじめに

第1章 ラストワンマイルをつなぐ 社会、経済の発展に欠かせない軽貨物運送とは

14 運輸業の3分の2を占める物流市場
18 社会にとってなくてはならない物流産業
20 残業規制の導入は吉と出るか凶と出るか
22 宅配便需要がEC市場の成長で急増
26 ラストワンマイルをつなぐのが軽貨物
30 軽貨物運送は物流の最下流？
34 すべての生活者を支える軽貨物運送

第2章

軽貨物ドライバーの悲惨な待遇

体力的、精神的負担の大きさに比して報酬が見合っていない

38 軽貨物運送の仕事とは
41 配達・集荷を完璧にこなすのは当たり前。一流のセールスドライバーとは？
45 軽貨物ドライバーの悲惨な待遇
48 荷主の〝言いなり体質〟から脱却できるか
50 増える荷物、足りない人手
56 軽貨物ドライバーへの理不尽なクレーム
59 休めない、安い、やっていけない「3Y」の連鎖
62 荷物の個数や担当エリアなどによって収入が変わる
65 収入は体力次第、ケガ一つもできない軽貨物ドライバー

第3章

軽貨物運送業界にはびこる構造的な問題と悪しき慣習

多重下請け構造、下請けいじめ、ずさんな労務管理……

70　軽貨物運送ドライバーの多くが立場の弱い個人事業主

73　労務管理がずさんな委託会社が多い

75　業界にはびこる悪しき慣習

84　なくならない下請けいじめ

88　軽トラ1台で始められる参入障壁の低さ

92　「儲かるから」だけで起業する人が多い。そこに使命感はあるのか

第4章

ドライバーの賃金アップ、福利厚生の充実、教育研修……

業界の常識を覆し、軽貨物運送の社会的地位向上を目指す

98 資本がなくても仲間を増やせる「業務委託」

103 スタッフのニーズに合わせた働き方の提案

110 ガソリンカードや保険など福利厚生を充実させる

112 入り口を魅力的な場所に見せる

116 小さな積み重ねが大事。「マナー教育」は欠かせない

119 荷主との直接取引でドライバーの賃金アップ

122 報奨制度などでモチベーションアップ

124 保険事業を引退後のドライバーの受け皿に

128 大分以外にもネットワークあり

第5章

ドライバーの独立支援制度を業界全体に波及させる

同じ考え方、同じ手法の会社が増えれば軽貨物運送業界はもっと良くなる

132 業界改革をほかの地方にも広げたい
136 仕組みに共感してくれる人を増やす
142 独立を後押し
147 地方のほうが売上を拡大しやすい
151 経営者志望の若者こそ地方の軽貨物を狙おう

第6章

社会、経済の発展と密接に関わる〝ラストワンマイル〟

軽貨物運送のビジネスチャンスは無限大

156 ＡＩの進化で運送業は変わるのか？

技術の進化で軽貨物のビジネスがなくなることはない 161
大手とは共存共栄でいける 165
軽貨物中小企業の覇権争いが始まる 169
軽貨物はすべての業界につながっている 172
軽貨物は接客業 175
実体のあるビジネスで汗をかく 177
これからの若者が軽貨物の未来をつくる 180

おわりに 184

第1章

ラストワンマイルをつなぐ

社会、経済の発展に欠かせない軽貨物運送とは

運輸業の3分の2を占める物流市場

「グローバル化の時代」と叫ばれて久しいですが、グローバル化という言葉がどういう意味をもつのか、言葉の意味だけではなく実感をもって真に理解できている人は少ないと思います。内閣府の平成16年度版 年次経済報告書には、「一般に、グローバル化とは、資本や労働力の国境を越えた移動が活発化するとともに、貿易を通じた商品・サービスの取引や、海外への投資が増大することによって世界における経済的な結びつきが深まること」とあります。なにやら分かるようで分からない微妙な文言ですが、つまりは国境を越えて、モノやヒトが世界中を行き交うようになるということです。

ではそうしたグローバル化を支えているのは何かというと、当然ながらモノは自分では動けませんし、ヒトも自分で歩いたり泳いだりするだけでは、たいして遠くへ行けません。

すなわち、グローバル化には、モノやヒトを運ぶという手段が必要なのです。そしてそれを産業として担っているのが運輸業です。運輸業においては、モノを運ぶ事業を貨物運送業、ヒトを運ぶ事業を旅客運送業といいます。私たちの会社は、前者のうち「軽貨物運送業」に当たります。

貨物運送業は物流ともいわれています。物流とは物的流通の略で、モノ＝商品が顧客の手に渡るまでの全プロセスを指します。この物流業務には、輸送・配送↓倉庫保管↓荷役↓流通加工↓梱包・包装という過程があり、それぞれに専門業者がいます。

そして陸運・海運・空運の３つの輸送手段を効率的に組み合わせ、時間とコストを天秤に掛けながら最適なルートを構築しているのです。

例えば、島国である日本は海外から物を輸入する際に必ず海運や空運を使います。どちらを使うかは量と価格が関係します。石油やガス、自動車のように質量が大きく安全性を担保しなければならないもの、また単価が低いために大量に輸送しないとコストが見合わないものは、時間は掛かるけれども大量かつ比較的安価に輸送できる船を使います。

一方、生鮮食品や季節商品、単価の高い商品はスピードを重視して飛行機を使います。毎年11月になるとワインのボージョレ・ヌーヴォがフランスから飛行機で運ばれて

［図表１］　物流業界における営業収入と労働就業者数

■ 運輸業界は約 38 兆円産業。うち、物流業界は約 24 兆円を占める一大産業。
■ 物流業界は、全産業就業者数の約４％を占めている。

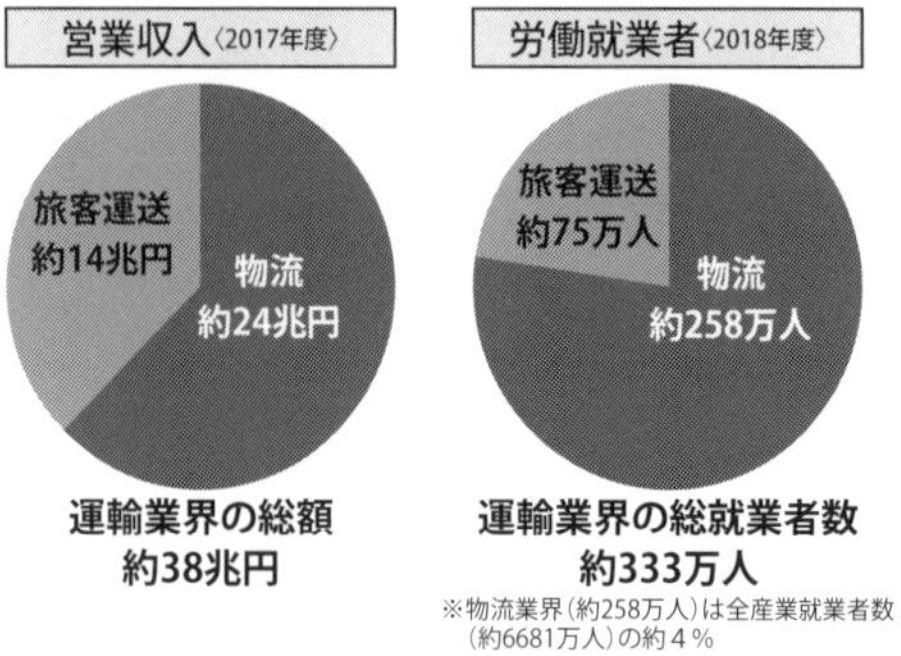

物流事業者の種類

トラック運送事業（62,461 者）
JR 貨物（１者）
内航海運業（3,461 者）
外航海運業（189 者）
港湾運送業（861 者）
航空貨物運送事業（22 者）
鉄道利用運送事業（1,118 者）
外航利用運送事業（1,044 者）
航空利用運送事業（197 者）
倉庫業（6,544 者）
トラックターミナル業（16 者）

〈2017 年度〉

出典：国土交通省 物流政策課「物流を取り巻く動向について」

日本に届けられる映像がニュースで報じられますが、これはボージョレ・ヌーヴォの解禁日が毎年11月の第3木曜日午前0時と定められており、また日本では日付変更線の関係上、本場フランスよりも約8時間早く楽しむことができるので、いち早く日本に運ぶために空運を使っています。当然運賃は海運の何倍もしますが、それでもコストに見合うと輸入業者は考えているのです。

続いて物流の市場規模を見ると、運輸業界は２０１７年度と２０１８年度の調査によると営業収入が約38兆円でした。そのうち物流業界は約24兆円を占める一大産業となっています。また、運輸業界の総就業者数は約３３３万人で、そのうち物流は約２５８万人と大多数を占めています。これは全産業就業者数（約６６８１万人）の約４％に当たります（国土交通省 物流政策課「物流を取り巻く動向について」令和２年７月）。

物流事業の営業収入約24兆円の内訳を見てみると、最も多いのがトラック輸送事業で約16兆円です。次いで外航海運業が約３兆円、倉庫業が約２兆円と続きます。ちなみにトラック輸送事業の中小企業比率は99・９％と、最も高い水準です。つまり、運送業の３分の２を占める物流市場を、６割を超えるトラック運送事業の中小企業が支えているのです。

社会にとってなくてはならない物流産業

これらの数字を見るだけで、物流が社会にとっていかに必要で社会インフラを担う仕事なのかが分かります。最近ではＩＴと並ぶ重要な産業として認識されており、また海外との連携も密になっていることから、あえてロジスティクス（logistics）と英語で呼ぶ会社やメディアも増えています。ロジスティクスは軍隊における兵站《へいたん》を意味し、人員を適切に配置し全体の効率を高める手法を指しますが、ビジネスにおいても重要な戦略の一つだといえます。

国内外の物流業界に精通する株式会社イー・ロジット代表の角井亮一氏は、「そもそも世の中は物流があるから成り立っている。物流を通し、商品をお客様に納品して初めて売上が立つわけで、この流れが止まれば大きな混乱が生じる」と共同印刷のオウンドメディアのインタビューで語っていますが、私もそのとおりだと思います。

実際、前回の消費税増税（２０１４年４月１日より実施）が発表されたときは、増税される前に出荷を済ませようと考えた業者が増え、それに伴い物流量増加で深刻なトラック不足に陥り、3月末の納品がストップするという事態が発生しました。今後も増税する可能性はあります。社会のインフラとして重要であるということは明白であるにもかかわらず、そういった情勢に振り回されていては日本の経済が崩壊しかねません。

もちろん国の改革を待っているだけでは何も変わらないため、こうした状況下でも積極的に取り組みを進めている会社もあります。角井氏は、物流を強みとして成功した企業として「アスクル」の名を挙げています。この会社は事務用品業界の最後発だったにもかかわらず、「明日、来る」というスピード感のある物流によってシェアを伸ばしてきました。また「セブン‐イレブン」は新規出店前に惣菜工場や物流センターを新設していますが、これはロジスティクスを整えておくことで欠品を減らすためであり、これも非常に重要な戦略の一つです。

日本はもともと中小企業の比率が99・7%と高い国ではありますが、その企業のインフラを支えているのが運送業界です。自社で物流センターを抱えられる大手企業は問題解決のために自社で取り組める部分も多い場合もありますが、日本のほとんどが中小企業です。彼らのインフラを支えるのが運送業界であり、この仕組みを支えるために一刻も早く解決に向けて動いていかなければなりません。

残業規制の導入は吉と出るか凶と出るか

今、物流業界で注目されている一つに残業規制の導入があります。これは過剰な時間外労働の多いトラックドライバーのために、年間の残業時間が960時間（月80時間）に制限されるというもので2024年4月からスタートします。どの業界でも重労働については問題視されていますが、長・中距離のトラックは移動時間などによって労働時間が異なるため、一概に制限が設けられないという側面がありました。しかし今回改めて国は、運送業界に対してドライバーの命を守るために導入に踏み込んだのです。

一般労働者の年間残業時間は720時間とされているため、規制が入ったとはいえドライバーの労働時間が200時間以上オーバーしていることからもいかに過酷な労働条件であるかが分かります。規制が少しでも入れば、会社としても社員に無理を強いることはできません。しかし労働時間が長い理由は、会社が社員を酷使しているといった理由だけではありません。

そもそも長・中距離のトラック運送の拘束時間が長い原因の一つとして、移動時間以外にも積み荷作業や、場合によっては目的地に着いたあとの荷下ろしの作業などがあります。午前着で客に荷物を配達するためには、当然ですが深夜に荷物をトラックに載せて明け方までに目的地近くの営業所へと届けなければなりません。

さらに交通状況なども考慮しなければならないため、ゴールデンウィークやお盆などの渋滞が予測されるときはできるだけ早くから出発する、都市部など通常でも混雑が予想されるエリアに搬送するといった場合にはその分積み荷などの作業も前倒しになります。こうした運ぶという仕事以前の一つひとつの業務に対して効率化を図らなければ会社として立ち行かなくなってしまいかねないのです。

実際に残業規制が導入されるに伴い、現状の納品時間や料金体制では長・中距離運送業では賄えないと、軽貨物運送へシフトする会社も増え始めました。そうなれば、残っている長・中距離運送会社の負担が増えるのは明らかです。その状態で、残業をさせるなといくら国が訴えても、会社はどうすることもできません。問題の根本をきちんと見直さなければ、必要な制限がかえって逆効果になってしまうのです。

宅配便需要がＥＣ市場の成長で急増

運送会社の変化と同様に、消費者側の需要にも変化が起きています。国土交通省の「全国貨物純流動調査」によると、全体の貨物重はここ20年で半減している一方で、物流件数はほぼ倍増していることが分かりました。同省の「令和３年度 宅配便等取扱個数の調査及び集計方法」では令和３年度の宅配便の取扱個数は49億５３２３個で、前年に比べて１億１６７６万個も増えています。物流の小口多頻度化が急速に進行しているのです。

この宅配便取扱個数のデータはあるデータと似た形を示しています。それはＥＣ市場

［図表２］　宅配便取扱個数の推移

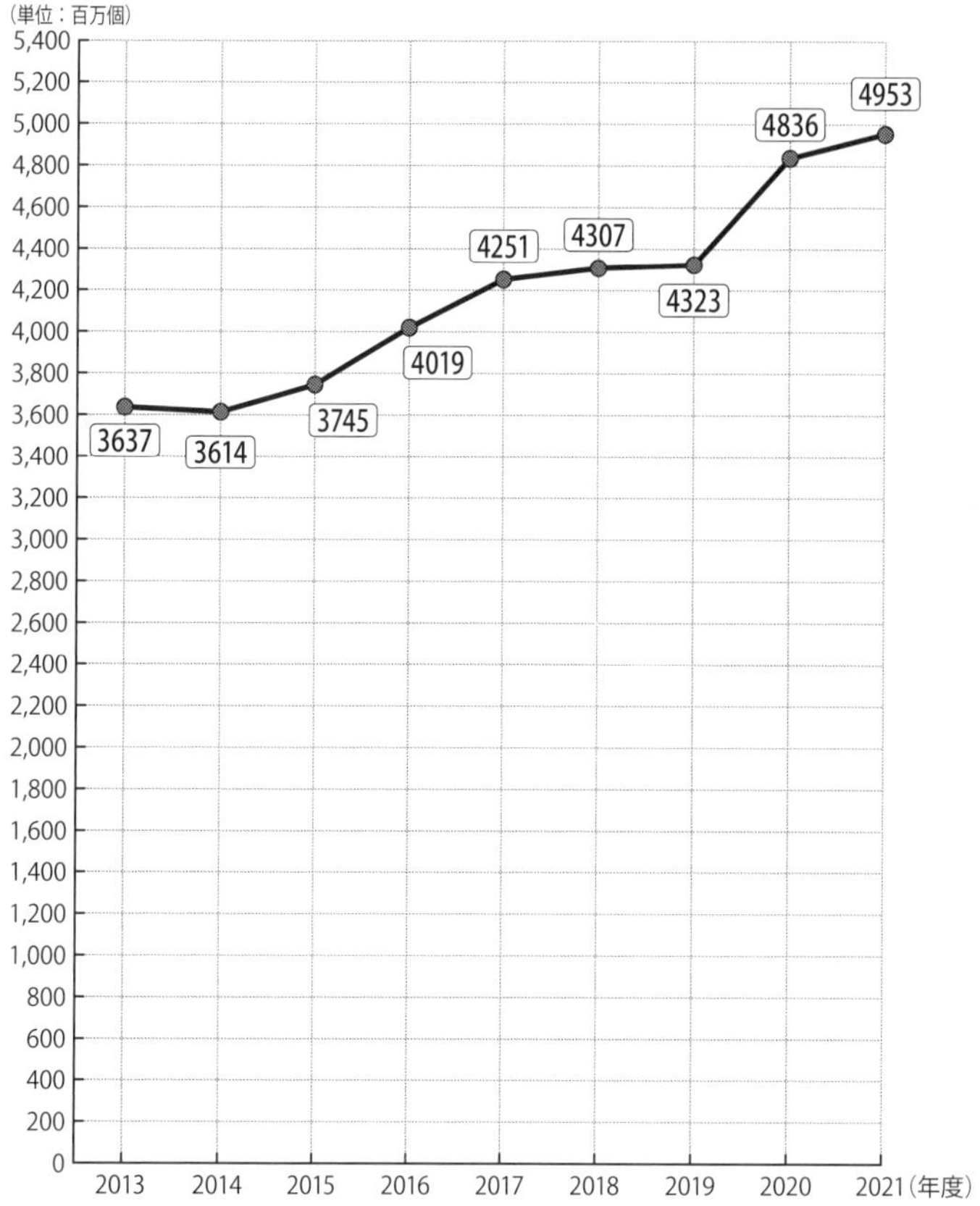

（注１）平成 19 年度からゆうパック（日本郵便㈱）の実績が調査の対象となっている。
（注２）日本郵便㈱については、航空等利用運送事業に係る宅配便も含めトラック運送として集計している。
（注３）「ゆうパケット」は平成 28 年 9 月まではメール便として、10 月からは宅配便として集計している。
（注４）佐川急便㈱においては決算期の変更があったため、平成 29 年度は平成 29 年3月 21日〜平成 30 年3月 31 日（376 日分）で集計している。

国土交通省「令和３年度 宅配便等取扱個数の調査及び集計方法」より抜粋

の規模拡大の推移です。経済産業省の「令和3年度 電子商取引に関する市場調査 報告書」によると、特に物販系分野のEC市場は右肩上がりで、金額ベースでは2013年が5兆9931億円だったのに対し、2021年は13兆2865億円と、わずか8年間で2倍以上に増えています。また、EC化率（すべての商取引においてECが占める割合）も2013年が3・85％だったのに対し、2021年は8・78％と、やはり8年間で2倍以上の伸び率になっています。

特に2019年から2020年にかけての傾斜角度は急です。これは明らかに、新型コロナウイルスの感染拡大が影響しています。行動自粛や在宅勤務を強いられたことや感染を避けるために対面購買の割合が下がり、より多くの購買をインターネット通販が担うことになりました。

これらのデータを総合的に照らし合わせてみると、EC市場の急激な拡大による宅配便需要の増加が物流の小口多頻度化を促していることは疑問を挟む余地がありません。

さらに、日本では2023年5月に新型コロナウイルス感染症が感染法上の2類から

［図表３］　EC市場規模の推移

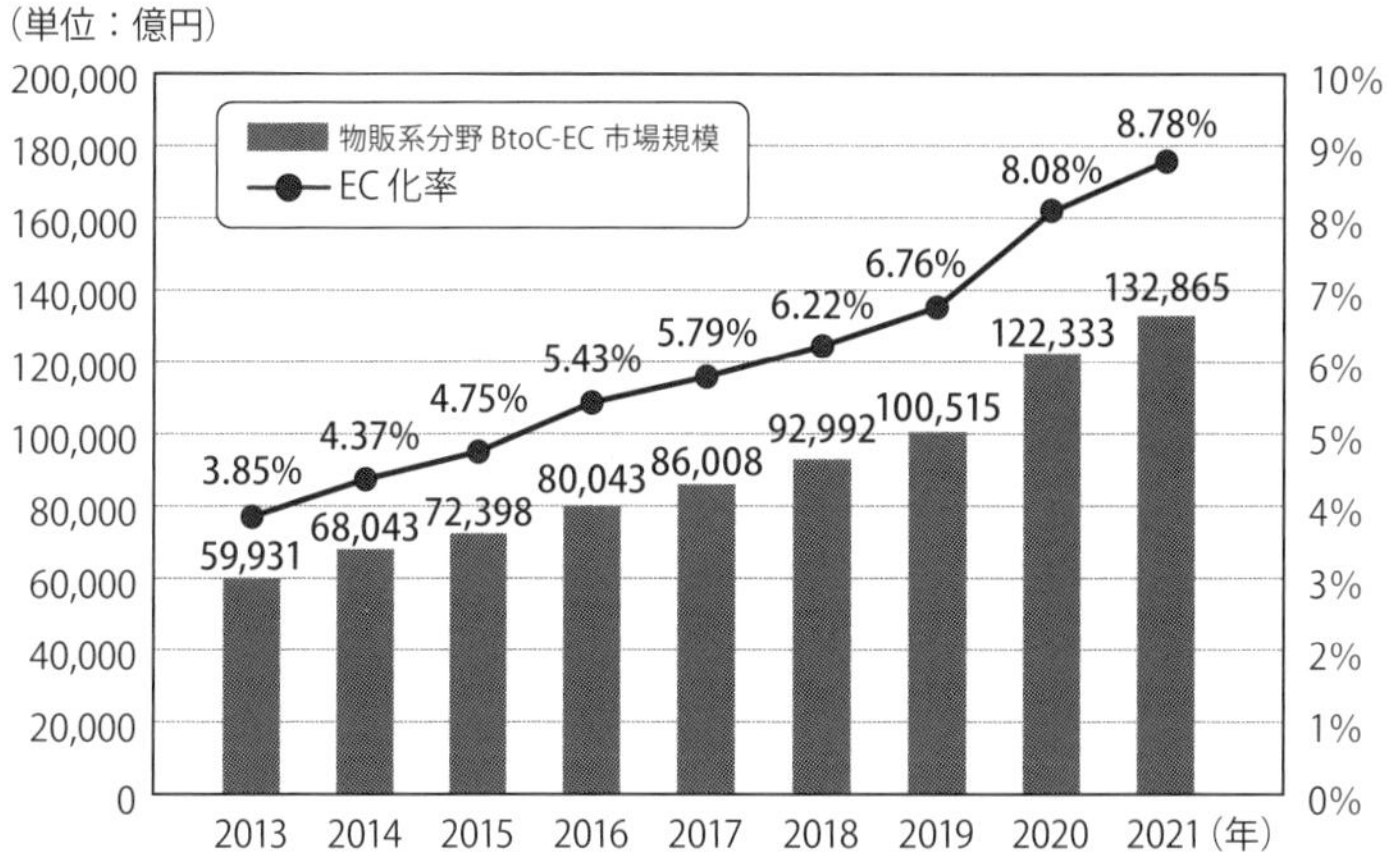

出典：経済産業省 商務情報政策局 情報経済課　「令和３年度 電子商取引に関する市場調査 報告書」

５類に引き下げられたことで事実上収束しましたが、ネットで買い物をする習慣は人々の間ですっかり定着しました。私たちの会社のアマゾンの取扱量を見ても、２０２２年４月に比べて２０２３年４月は個数ベースで約２倍です。その分、軽トラックの稼働台数も増えていますし、当然売上も増えています。金額をいうと、単月だけでプラス２０００万円以上です。

この宅配便需要による物流の小口多頻度化の流れは一過性のものではなく、今後も続くと考えられます。コロナ禍の前からＥＣ市場は拡大傾向にあり、コロナをきっかけに拡大スピードが速まったに過ぎません。宅配便の需要の変化についていかなければ運送会社は生き残ってはいけないのです。

ラストワンマイルをつなぐのが軽貨物

ＥＣ市場の拡大により物流の小口多頻度化が進んだことで、にわかに注目を集めている言葉がラストワンマイルです。直訳すると〝最後の１マイル〟という意味ですが、これは実際の距離を指すわけではなく、宅配業者の最寄りの営業所から、最後に荷物を受け取る消費者までの最後の配達区間のことを意味します。

もともとは通信業界で使われていた言葉なのですが、通信業界は１９９０年代までは金属ケーブルを利用したアナログ電話回線が主流で、ＮＴＴが全国の電話局から各家庭や企業への接続のすべてを担っていました。

しかし、インターネットの普及に伴い、高速な通信回線が求められるようになると、この問題を解決するための手法として電柱から各家庭につなぐようになりました。この電柱から家庭までの距離がラストワンマイルと呼ばれるようになったのです。２０００年代に入ると、ＮＴＴやほかの事業者がこぞってラストワンマイルの光ファイバー網（ＦＴＴＨ）の整備を進めました。

そしてこのラストワンマイルのおかげで私たちは現在家にいながら安心して高速インターネットに接続できるようになりました。

配送業界のラストワンマイルも同様に、ＥＣにおける「ＢtoＢ」「ＢtoＣ」「ＣtoＣ」すべての領域においてビジネスの最終過程となるため、非常に重要な位置づけとしてとらえられるようになったのです。

ＢtoＢ、つまり企業から企業へのラストワンマイルは、建材や機械器具、事務用品などを建設現場やオフィスなどに届けることです。ＢtoＣ、企業から消費者へはアマゾンや楽天で買った商品を個人の消費者に届けることを指します。ＣtoＣ、消費者から消費者へのモノの流れは、メルカリなどで購入した利用者に届けることがそれに当たります。どの物流においても、ラストワンマイルが機能しなければ、エンドユーザーに物を

［図表４］　ラストワンマイル物流市場規模推移・予測

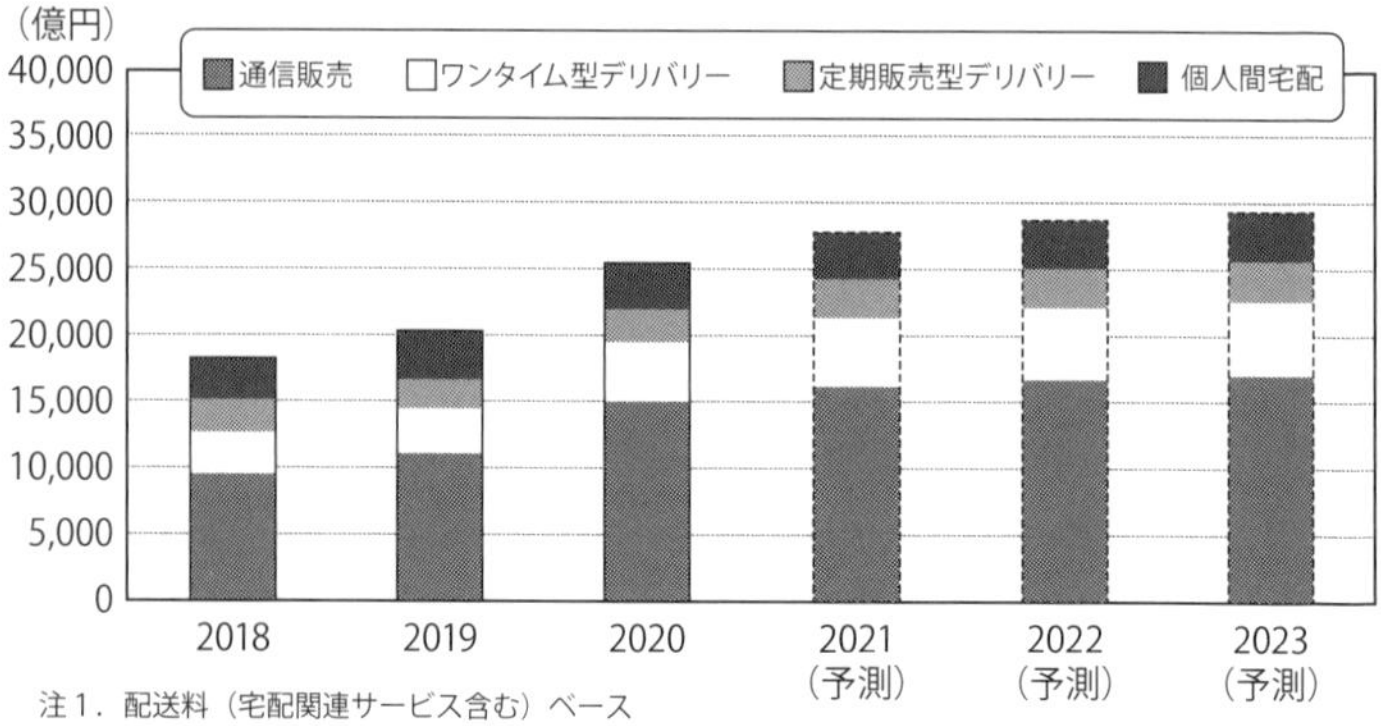

注１．配送料（宅配関連サービス含む）ベース
注２．市場規模は①通信販売、②ワンタイム型デリバリー、③定期販売型デリバリー、④個人間宅配の４分野の合計値。
なお、事業者間（BtoB）向けのラストワンマイル物流（施設や店舗向け配送など）、及び引越しサービス、置き配・宅配ボックス、配達ロボットは対象外とする。
注３．2021 年度以降は予測値

出典：矢野経済研究所「2021年版 ラストワンマイル物流市場の実態と展望」

届けることはできません。

矢野経済研究所の調査によると、２０２０年度の日本のラストワンマイル市場は２兆５３８０億円と推計されています。前年と比べると１２７％アップです。新型コロナによってネット通販を利用する人が増えたことや、デリバリーサービスの拡大、高齢者のネットスーパー利用の増加が、ラストワンマイルの市場を拡大させたと分析されています。

なお、２０２３年度のラストワンマイル物流市場規模は、２兆９２５０億円に膨れ上がると予測されており、ラストワンマイル物流市場の約６割を占めている通信販売が今後も拡大傾向と見られることから、これに牽引される形で今後も堅調に推移する見通しです。

こうしたラストワンマイルという言葉やＥＣ市場拡大のデータを目にし、耳にするたびにいつも思うのは、軽貨物は物流の「最後の砦」だということです。ラストワンマイルは運送業のなかで、営業所から家庭や会社へといちばん消費者から近い立ち位置だからこそ、いちばん接客が多くいちばん小回りの利く部分であり、いちばん人海戦術が必要な部分だといえます。

荷物は右肩上がりに増えていく一方で、最後の部分で数をさばこうと思ったら結局車両と人が数多く必要となります。商売ですからコストも考えながら配送計画を練り、指定時間に遅れないよう無事に荷物を届けなければなりません。もしこの部分が破綻したら、物流業界どころか日本経済が大混乱に陥るのは必至です。まさに最後の砦を自分たち軽貨物の会社やドライバーたちが守っているのです。

軽貨物運送は物流の最下流？

物流のラストワンマイルの多くを占める宅配便は、実は日本で生まれたビジネスモデルです。１９７６年、現在のヤマト運輸が「宅急便」のサービス名でスタートさせました。それ以前は個人がモノを送るためには郵便局に荷物を持って行く必要がありました。しかも郵便局が受け付けてくれるのは６kgまでであり、それ以上はしっかり梱包し、荷札をつけて国鉄（ＪＲの前身）の駅に持ち込まなければなりませんでした。

こうした状況を振り返って当時のヤマト運輸社長だった小倉昌男氏は「私は、このマーケットはたいへん面白いと思っていた。なぜなら、競争相手がいないからです。一応2社あるが、どちらもあまりサービスが良くない。田舎から柿を送っても、東京にいつ着くのかはっきりしない。ここへ参入すれば、必ず成功すると確信しました」と述べています（ヤマトホールディングスのウェブサイト「宅配便40年の歩み」）。

そして「電話１本で集荷・１個でも家庭へ集荷・翌日配達・運賃は安くて明瞭・荷造

［図表５］　令和３年度　宅配便（トラック）取扱個数

宅配便名	取扱事業者	前年取扱個数（千個）	取扱個数（千個）	対前年度比（%）	構成比（%）
宅急便	ヤマト運輸㈱	2,096,994	2,275,624	108.5	46.6
飛脚宅配便	佐川急便㈱	1,347,900	1,369,178	101.6	28.0
ゆうパック	日本郵便㈱	1,090,792	988,575	90.6	20.2
フクツー宅配便	福山通運他20社	138,952	141,486	101.8	2.9
カンガルー便	西濃運輸他19社	102,994	100,757	97.8	2.1
その他（17便）		7,308	6,441	88.1	0.1
合計（22便）		4,784,940	4,882,061	102.0	100.0

（注１）本表は、宅配便名ごとに、その便名で運送を行う各事業者の取扱個数を集計したものである。
（注２）日本郵便㈱については、航空等利用運送事業に係る宅配便も含めトラック運送として集計している。

出典：国土交通省「令和3年度 宅配便等取扱個数の調査及び集計方法」

りが簡単」というコンセプトに、「宅急便」が誕生しました。１９７８年頃からは、日本通運なども相次いで参入、各社がシンボルマークに黒猫やカンガルー、ペリカンなどを採用していたことから「動物戦争」とも呼ばれました。

この宅配市場は、長らくヤマト運輸・佐川急便・日本郵便の大手３社が全体の９割以上のシェアを握ってきました。

国土交通省の「令和３年度　宅配便等取扱個数の調査及び集計方法」によると、２０２１年度のヤマト運輸の取扱数は前年度比８・５%増の約22億７５６２万個で過去最高を更新し、シェアは２・８ポイント増えて46・６％となりました。佐川急便は取扱数約13億６９１７万個と１・６％増加、シェアは０・２ポイント低下したものの28％を占めています。日本郵便は取扱数こそ９・４％減の約９億８８５７万個と３社で唯一減らし前年割れしたとはいえ、大手３社だけで94・８％ものシェアを占めているのですから、まだまだ盤石に見えます。

こうした宅配大手から軽貨物の中小企業や個人事業主が下請け、孫請けで仕事をもらう構造自体は今もあまり変わりません。商流的には最下流に位置しているといえます。

しかし、この宅配大手が業界を牛耳っているという大きくて硬い岩に少しずつひび割れが起き始めています。ＥＣ需要の急速な拡大により、新たな配送プレーヤーの参入や立ち位置を変える企業が相次いでいるのです。

ここで出てくるのがアマゾンです。ヤマト運輸など宅配大手にとっての大口顧客でもあるアマゾンが、自ら物流網を構築し始めたことで、中小の下請け運送業者が上流から直接仕事を受注する新しいルートが出てき始めています。

このルートで仕事をすれば、多重下請け構造で発生していた中間マージンを抜かれることがないので、軽貨物のドライバーとしては収入が増えます。仕事を発注する荷主も、一度中間業者に卸すよりも割安な運賃で宅配を依頼できます。ウィンウィンの関係です。

もちろん、そうした関係は物流という氷山のごく一角に過ぎませんが、潮目が変わりつつあるのは確かです。その潮流を敏感に感じ取ったのか、以前は2トントラックや4トントラックなど中距離貨物のドライバーをしていたような人が、下流に当たる軽貨物運送業である私たちの会社に面接に来ることが増えました。軽貨物のほうが稼げるというイメージがあるというのです。これは私が軽貨物の仕事を始めた8年前では考えられなかったことであり、軽貨物業界は良い方向に変わりつつあると実感しています。

一方、今まで大手からの下請け・孫請けで仕事を続けてきた経営者は改めて経営方針を見直す必要があります。新たな参入者に負けないための事業戦略を立て、時代の流れをしっかりと読み解き変化し続けなければなりません。仕事をもらえているから大丈夫だと安心していては、あっという間に同業他者のなかで埋もれ、乗り遅れてしまうのです。

すべての生活者を支える軽貨物運送

一昔前は、直接渡せない遠方の人への贈り物や家具など大きなものを届けてもらうといったニーズが多かった宅配便ですが、今はそれに限らず生活に密着するあらゆるものを運んでいます。

例えば新型コロナウイルスの影響により、スーパーなどの小売店における家までの配達サービスが全国的に拡大しました。これに伴い、軽貨物運送の需要も増加しており、大手から地方の小売店までが配達を手掛けるようになりました。

特に日用品や生鮮食品を安価な手数料で配達するネットスーパーは、コロナ禍においては感染防止策として重要な役割を果たしました。また、スーパーへ買い物に行く手間を省き、時間の制約がある共働きの家庭、足腰の悪い高齢者にとっても大いに役立っています。このようなサービスの普及で、日用品や食品のすべてを自宅で購入する日常が当たり前になりつつあります。

さらにフードデリバリーでも軽貨物は活躍しています。事業用ナンバープレートを取得した車であれば、ウーバーイーツや出前館などによる配達が可能です。軽貨物運送でフードデリバリーを行うメリットとしては、自転車などと比較すると、雨天で商品が濡れてしまうことを避けられますし、安全に配達できることや、長距離・長時間でも疲れにくいことなどが挙げられます。

加えて、２０２３年1月26日には電子処方箋の運用が始まり、オンラインで診療を完結できる環境の整備が進んでいます。特にオンライン服薬指導は需要が高まっています。この背景により、コンビニエンスストアの大手ローソンの調剤薬局併設店と配送プラットフォーム運営企業のＣＢクラウド㈱が、２０２３年2月より、共同で処方箋薬と商品の当日配送サービスの実証実験を行いました。

これにより、以前は最短翌日配送だった処方箋薬の宅配が、最短30分に短縮されました。さらに、コンビニエンスストアの買い物代行サービスが加わり、処方箋薬とともに食品や日用品なども自宅や職場で受け取ることができるようになり、忙しい人々や高齢者の負担を軽減すると期待されています。

このように日用品や食品、薬など生活必需品も当たり前のように配達している軽貨物運送は、すべての生活者の便利さや安全性に重要な役割を果たしているといえます。

運送業界も改めて大きな過渡期に立たされていると感じています。ただ物を運ぶのではなく、消費者の生活に寄り添ったサービスを提供していかなければなりません。こうした時代の変化に合わせ運送業界は今、変革していかなければ生き残ることはできないのです。

第2章

体力的、精神的負担の大きさに比して報酬が見合っていない

軽貨物ドライバーの悲惨な待遇

軽貨物運送の仕事とは

軽貨物運送とは軽自動車を使用して荷物を運搬する貨物運送事業のことで、正式には「貨物軽自動車運送事業」といいます。荷主からの運送依頼を受けて指定された場所に荷物を届けることが主な業務であり、法人でなくとも始められるため、個人事業主にも手掛けやすいとされています。

また、運転免許と軽トラックがあれば開業可能で、中古車の購入費用程度で始められることや、一般の貨物運送業と異なり、届出制であるためすぐに事業を始められる点が特徴です。自分の都合に合わせて案件を選び、自宅を本拠地にして業務を開始することができるのもメリットの一つです。

軽貨物運送業務は、宅配便、ルート便、スポット便、チャーター便、引越し便といった多様な形態があり、それぞれ特徴を有しています。

宅配便はいちばんイメージがしやすいかと思います。ネット通販の普及や高齢化社会に伴う食料品・生活必需品の配送です。経験を積むことで収入増加の可能性があり、女性の参入も期待されています。

ルート便とは、決まった期間に特定の場所に配達する業務で、法人向けの配送が主体です。配送時間の定型化によりスケジュールが組みやすく、同じ道を通るので未経験者でも参入しやすい点が特徴となっています。

一方スポット便は緊急の荷物配送を行う業務で、高単価の案件が多いものの突発的な依頼により予定が立てにくく、収入の安定化が難しいというデメリットもあります。

また、チャーター便は依頼者専用の運送方法で、時間制あるいは日給制で契約します。依頼者が自由に軽自動車とドライバーを利用できます。高額の荷物や壊れやすい荷物の配送が可能であったり、荷主の細かい注文にも対応できたりする点はチャーター便ならではの特徴といえます。ほかの荷物と混載して配送することがないチャーター便では、高額であったり壊れやすかったりする荷物の運送に向いているのです。

引越し便は、荷物の少ない世帯の引越し時の配送を担当します。補償内容に制限があるため、依頼者自身に荷物運搬の手伝いが求められることが多いです。そのほか、変わったところではカプセルトイの配送と交換と集金、花卉《かき》の配送と設置などもあります。

軽貨物は小型・軽量な荷物が多いので高齢者や女性でも取り組みやすい仕事といわれています。また、軽トラックを使うのでＡＴ（オートマ）限定免許の人でも気軽に始められます。２０２２年10月26日以前は、乗用車ではなく貨物車でなければ配送業務ができませんでしたが、現在は乗用車でも事業用の黒ナンバーを取ることで軽貨物事業ができますので敷居はさらに低くなっています。

ただし通常宅配は、数が多ければ多いほど利益へとつながります。そうなると持久力や俊敏性も必要になるのでやはり若い男性ドライバーが有利です。

私たちの会社の場合でも、シニアの人はルート便やチャーター便などに従事している人が多い印象です。とはいえ、女性は体力こそ若い男性ドライバーに劣りますが、要領の良い人であれば成績で引けを取りません。宅配は重い荷物を持って運ぶ引越し業者のような仕事ではなく、１件ずつ要領良くこなせることがアドバンテージになってくるので、実はハマれば女性のほうが稼げる場合ももちろんあります。

配達・集荷を完璧にこなすのは当たり前。一流のセールスドライバーとは？

軽貨物ドライバーと聞くと、荷物を客に配送して終わりと思われがちですが、実はそれだけではありません。軽貨物ドライバーのなかでも配達先・集荷先が固定されたものもありますが、ルートは日によって異なり、時には当日イレギュラーに集荷や配達が発生するものもあります。基本的にはこういった業務を担うドライバーをセールスドライバーと呼びます。

セールスドライバーには、配達、集荷、決済、営業の4つの業務があります。

配達において重要なのは荷物を確実に指定の場所や時間に届けることです。当たり前のことだと思う人もいると思いますが、荷物の大きさや重さ、それに届ける時間帯など一つひとつ違うものを日々配達しなければなりません。それを自分が担当するエリアのルートなどを把握して、確実に届けなければならないため、配送ルートを覚えたり効率的な運搬方法を探したりといった事前準備が大切になってきます。

また、集荷は配達する荷物を客から受け取る作業です。現在は、営業所へ荷物を直接持ってくるだけでなく、インターネットで日時と場所を指定してドライバーに集荷を依頼するサービスも広く提供されています。

その結果、集荷依頼は増加傾向にあります。企業からの集荷は毎日定時に行うことが多く、1日に数社を巡ることもあります。個人からの集荷依頼は単発であり予測できないため、日によって件数が変わります。しかしルート上で配達しながら集荷も効率良く担えれば、その分収入も上がります。集荷も大事な業務としてとらえ、積極的に取り組むべきです。

加えて決済も差別化を図るうえで非常に重要になってきます。例えば企業に対しては集荷の際の料金の徴収、個人に対しては代引きなどが主な業務です。キャッシュレス化が進んでいる今、現金のみしか受け付けていないなどの制限があると依頼側としてもすぐに商品を受け取れなかったり、発送ができなかったりといったことが起きてしまいます。代金引換やクレジットカード払い、電子マネーなどさまざまな決済方法に対応することでスムーズに件数を重ねることが可能になるのです。

特に高額の代引き料金の管理や、電子決済の導入など責任ある仕事内容となるため、日々の業務においてはしっかりとした対応が求められます。こういった一見するとごく当たり前のことが抜けてしまっているドライバーもまだまだ多く、細かいところにいかに気を配れるかも重要なのです。

最後に営業です。配送ドライバーが営業するイメージはあまりないと思いますが、軽貨物運送の業務の一部として会社が提供するさまざまな商品の案内・販売や、物流効率を最適化するための新規配送プランの提案などをするといったものです。セールスドライバーは物流プランナーの役割も担っており、配送エリア内の企業へ、荷物を届けるついでに運送会社の営業やプランの交渉などを積極的に行えば、新たな集客へとつなげることもできます。

運送会社にとっても荷物を届けてもらうだけのつもりが、プラスアルファの対価が手に入るわけです。そういった姿勢を見て、より多くの荷物を高額で配送できるような仕事をたくさん請け負ってもらおうという関係性も構築でき、仕事の可能性も広がります。もちろんその分収入も増えていくため、新規取引開拓といった営業も重要な業務なのです。

これらの４つの業務を臨機応変に遂行できる人、なおかつ頭のなかでちゃんとスケジュールが描け、伝票整理や端末の処理などの仕事が丁寧な人は仕事を多くこなすことができます。

そして意外と見落としがちなのが、安全運転ができることです。ラストワンマイルは毎日ルートも違います。エリアの道をある程度頭に入れておくことはもちろん大切ですが、だからといって慢心して注意を怠ったり、時間どおりに配送しなければと焦ったりして事故を引き起こしてしまうケースも少なくありません。さらに壊れやすい荷物を積んでいるときなどもできる限り衝撃が加わらないように運転するなど、とても気を使う仕事です。

こういったごく当たり前のことは、日々業務を進めていると忘れてしまいがちです。しかしこういう日々当然に行うことにこそ一流の意識が出てきます。一流アスリートとして有名なイチロー選手は、メジャーへ移籍してからも数々の功績を打ち出してましたが、試合が終わると必ずグラブを油で磨くことを怠らなかったそうです。それがいくら疲れた日でも試合の成績が悪くても必ず磨いていたところに、彼のプロ意識を感じます。そういった当たり前のことをどんなときでも続けられることが、一流と呼ばれるにふさわしい姿勢だと思います。こうした当たり前のことを続けながら、数をさばくことができるようになるのが、一流のセールスドライバーではないかと思うのです。

軽貨物ドライバーの悲惨な待遇

しかし、こうした一流の意識をいくらもち続けたいと思っても、それに報酬が見合っていなければモチベーションが下がるのは当然です。実際になかなか収入が上がらないという現実があります。

その原因の一つに、ネット通販の普及で荷物が急増するなか、自社だけでさばききれず別の会社に再委託する多重下請け構造が常態化していることが挙げられます。下請けになるほど中間搾取され、報酬は低く抑えられるのでしわ寄せが最前線のドライバーに及ぶのです。

私たち軽貨物運送業者は大手宅配会社の下請けに位置しています。しかしなかには自分たちで荷物をさばかず、孫請けに仕事を丸投げして、手数料だけで利益を得ている悪徳業者も存在します。

本来であれば１個あたり１６０円～１７０円の配送料収入を得られるのに、こういった悪徳業者によって、手数料が差し引かれ、１個１２０円にまで下がってしまうといったケースもあるのです。同じ案件で同じ荷物を運んでいるのに、会社によってドライバーが受け取る配送料が違うのは非常に不公平でもあります。

こうした多重下請けがあとを絶たないのは、大手が見て見ぬ振りをしていることにも原因があります。なぜそのような態度を取るのかというと、背に腹は代えられないくらい人手不足、つまり荷物が多過ぎてさばききれないからです。大手としては支払うお金は同じなのだから、末端のドライバーが稼げるか稼げないかは関係なく、無事に荷物が届けばいいとないがしろにされるというわけです。禁止までしてしまうと人手不足にさらに悪影響が起きてしまうため、注意する程度に収めるといったことも少なくありません。

それだけ人手が足りない現状で、いかに安価に労働力を確保するかが重要になってくれば、当然ですが下請け業者に対して真摯に向き合う余裕はありません。そうなると業者間でトラブルがあってもそれは当事者間の問題であって我関せずの態度を通してしまいがちです。そんなふうにうやむやにしているから稼げないドライバーが増えて、割に合わないからと辞めてしまう人が増えているのです。そして結局慢性的な人手不足、公平な利益を受け取れない、という悪循環に陥っています。大手は自らの首を絞めているようなものなのです。

その点、アマゾンは契約した業者以外に仕事を振ってはいけない、つまり孫請けを明確に禁止しています。そうしなければ結果的に自分の身に降り掛かってくる、荷物をさばけなくなるということを知っているからです。その点では非常に賢いと思います。

配送は機械が自動的に行っているのではありません。専用ボックスに届けておいたり玄関前に置いておいたりといった、直接玄関で手渡ししなくて済む配送方法が増えていることもあり、荷物を届けているのが人であるという意識がどこか希薄になってしまっている気がします。改めて、その荷物の向こう側には同じ人間がいるということを思い出す必要があると思っています。

荷主の〝言いなり体質〟から脱却できるか

軽貨物ドライバーが仕事量の割に稼げない理由のもう一つが、荷主の要望に対してＮＯと言えない〝言いなり体質〟があります。

例えば営業所に届いた荷物を仕分けする作業を、配送ドライバーがやるとします。これは本来仕分けをする人を別に雇わないといけない作業で、それをドライバーにさせるのであれば付帯業務として賃金を払わないといけません。しかし暗黙の了解として無料でやらせているケースが半ば業界の慣習となっています。ドライバーも断ると仕事を切られるのではないか、と考えて強く言えないといった側面もあります。

この点でもアマゾンは体制がしっかりしていて、倉庫で仕分けもする場合はちゃんと仕分け料が支払われます。しかし大手宅配業者は営業所によって支払われたり支払われなかったりとまちまちです。昔に比べればだいぶ改善はされてきていますが、現状としては〝まだある〟といわざるを得ません。

そうしたサービス残業のせいもあり、労働時間についてもドライバーに大きな負担が掛かっています。とある同業の軽貨物業者は、委託ドライバーから毎月手数料をもらっているのに、休み要員をいっさいもたず、一人のドライバーに30連勤もさせたと聞いたことがあります。ドライバーは個人事業主だから労働基準法に引っ掛からないという理屈ですが、本人の希望でないのなら完全に委託契約違反です。

私たちの会社では、ドライバー本人がたとえ7連勤したいと言っても絶対させません。安全運行のためもありますが、本人の健康を第一に考えると休みは絶対に必要です。配送はハードな仕事なので、しっかり休まないと長期間続けることはできません。それはドライバーのためでもあり、ドライバーに委託している自社のためでもあるのです。

そこで私たちの会社ではシフトを組んだり、社員が代替ドライバーとして入ったりして、必ず週に1～2日は休みを取るように設定しています。それは管理する側の最低限の責務だと私は考えます。

しかしそう考えていない業者もいまだに存在します。自分たちもこうやってきたとか、昔からこうなんだとかいう旧態依然とした考えを押し付けてくる会社もあると聞きます。これから新しく軽貨物をやろうと思っている若い人が、そういう悪徳業者に引っ掛からないように、業界を挙げて注意すべきです。

なぜなら、本来頑張れたはずの人材が挫折して辞めざるを得なくなり、結果的に労働力不足を招いてしまうからです。この悪循環を断ち切るためにも、私はダメな業者はどんどん淘汰されていってほしいと思っています。

増える荷物、足りない人手

多くの人がインターネットで買い物をするようになった現代では、今日も大手ショッピングサイトの倉庫から荷物が運ばれています。このままＥＣ市場の規模が拡大していけば、荷物の量は増え続け、その荷物を運ぶドライバーの需要も比例して高まることは想像に難しくありません。

しかし、経済産業省・国土交通省・農林水産省の資料「我が国の物流を取り巻く現状と取組状況」においては、トラックドライバーが「不足している」「やや不足している」と感じる企業の割合が、２０２１年時点で50％を超えています。その割合は２０１１年以来、調査した産業全体の割合を大きく上回っています。つまり、慢性的な人手不足だということです。

これは単に増え続ける小口荷物の数にドライバーの数が追いついていないと同時に、せっかくやりたいと思って業界に入っても待遇や環境が悪かったり、悪徳業者に騙されたりして途中で挫折して辞めてしまうドライバーが多いということも原因です。

市場が大きくなれば新規参入する会社も増え、新規参入が増えれば質の悪い会社も増えます。まさに、玉石混淆の状態といえます。

今ネットで軽貨物の求人を検索すると、各県で業者がズラーッと出てきます。実体と

［図表6］　トラックドライバーの現状

〈常用労働者の過不足状況〉

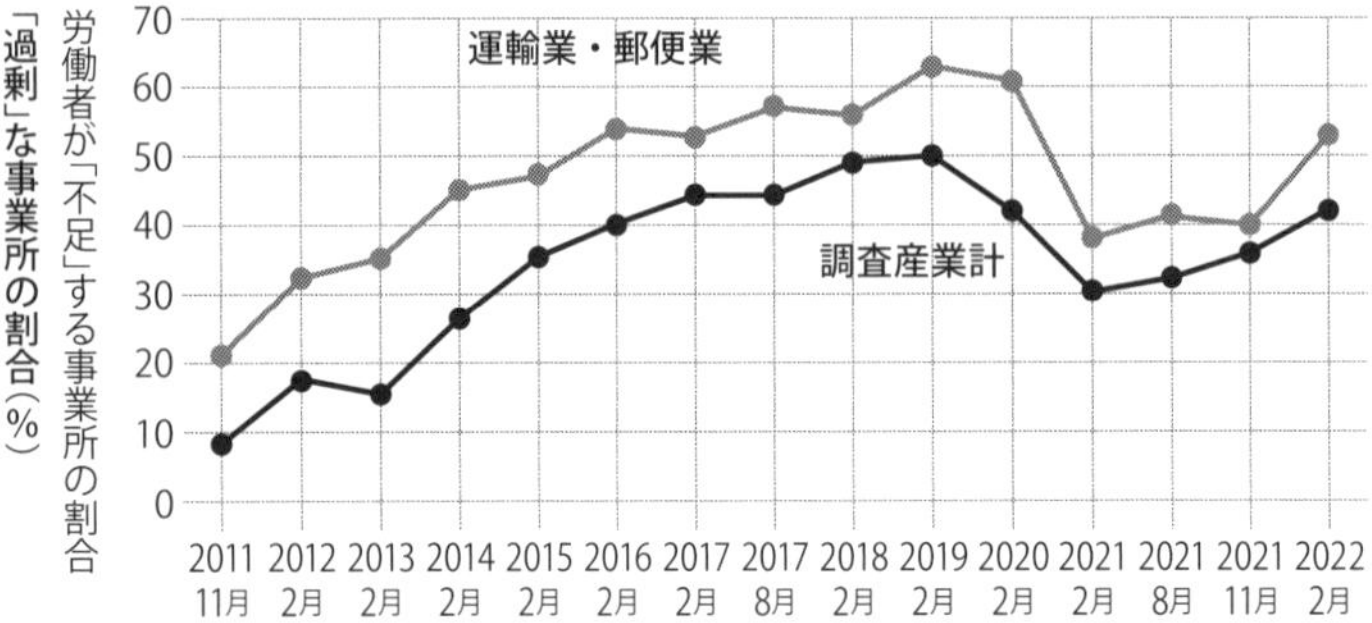

出典：厚生労働省「労働力経済動向調査」

〈トラックドライバーが不足していると感じている企業の割合〉

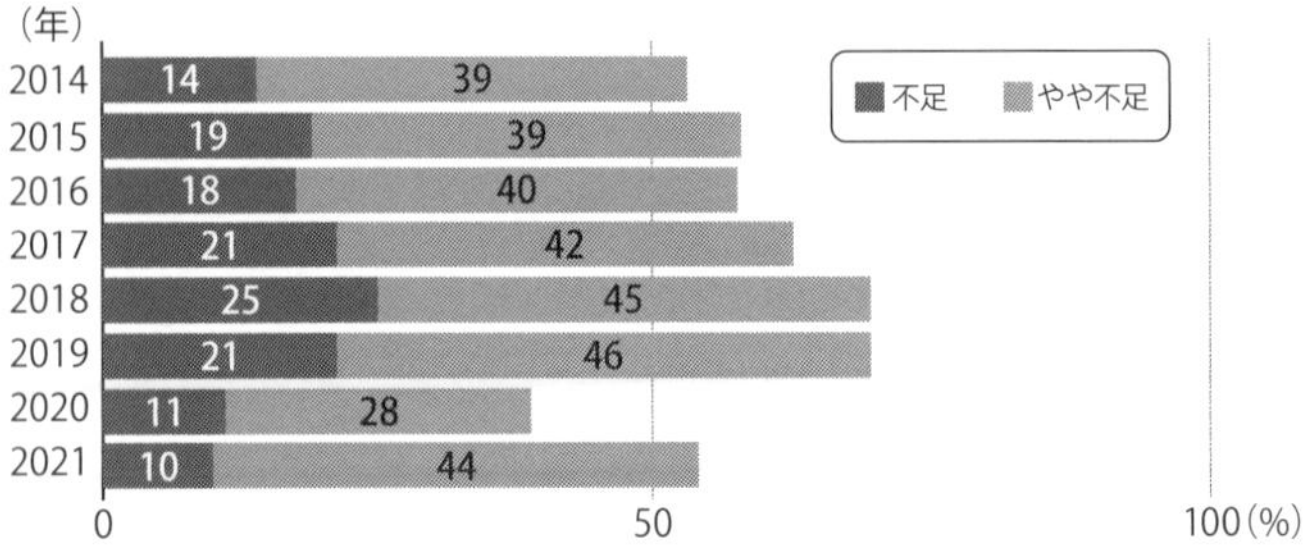

出典：経済産業省・国土交通省・農林水産省　「我が国の物流を取り巻く現状と取組状況」

しては個人事業主レベルでやっている会社も含まれるのですが、求人内容を悪く書く会社などないので、どの募集要項にも高収入・高待遇の条件が並びます。それを見て良いと思い面接に行っていざ入社してみたら全然話と違う、法に触れている、ということがザラにあります。

もちろん私たちの会社も１００％満足できる条件を提示できているかというと正直自信はないのですが、少なくとも自分だけ儲けようとかドライバーを騙そうなどという気持ちは微塵もありません。しかし悪徳な業者は自分たちの儲けのためだけにドライバーをいいように使い、食い物にしているのです。

それは、軽貨物運送が普通免許一つあればできる仕事だからこそ起こり得る弊害でもあります。そういう参入しやすい業界だからこそ啓蒙啓発が大事です。軽貨物事業者はここ数年で本当にたくさん増えましたが、それらの会社のレベルを上げていかないことには間違いなくこの業界が悪いものになっていき、良くないイメージしかもたれなくなります。そうなってからでは遅いのです。

私はそのことをＳＮＳやＹｏｕＴｕｂｅを使って注意喚起していますが、私個人では限界があります。本来はもっと業界の上の人や国が法律などをちゃんとつくるべきなのです。２０２３年の頭に、岸田首相が物流の２０２４年問題に対して対策を練らないと危機的状況になると言及しましたが、正直遅いと思いました。行政がもっと早く手を打ってくれないから、人手不足を招いているのです。

その課題の一つは、古臭い法律がたくさんあることです。一つ例を挙げれば、駐禁の問題があります。ドライバーは荷物を届けるために、家やマンション近くの路上に駐車することが多いのですが、実は違法駐車と同じ扱いなのです。

まだ地方はいいのですが、都会のドライバーはこれに非常に苦しめられています。仕事で荷物を届けたいだけなのに、法律を厳守しようと思ったら、わざわざコインパーキングを探して停めなければならないのです。もちろん駐車代は自分もちですが、１個あたりの配送料はわずか１６０円から１７０円なのに、都心には15分で４００円などという高額の駐車場があります。これでは配れば配るほど大赤字で、とてもではないですがやっていけません。

この問題は、本来国が「黒ナンバーや緑ナンバーの車両は15分だけ路上駐車可にする」といった法律をつくれば済む話です。渋滞を招く恐れがあるからだめだとか、事故の原因になるからだめだとかいうのなら、コインパーキングの分は会社がお金を出すという指導を行政や自治体がするべきです。上から指示されないと、企業は余計なコストは払いたがらないのです。

実際、アマゾンは街中のコインパーキングに停めた領収証を出せば経費として認めてくれます。外資系企業らしくそういうところは非常に合理的です。大手宅配業者もそれくらいしないといけないはずです。

こういう理不尽な法律が残っているのは、正直、政治家の怠慢だといえます。また、そうした政治家に働き掛けることこそ大手宅配業者の役割です。

最近になってようやく大手3社と国土交通省が集まって軽貨物のドライバーの安全運転をどう担保するかという話し合いがなされたようですが、その前にドライバーの最低運賃を設け、それ以下は法律違反にするとか、そういう労働環境の部分を整備すべきです。そうでなければ、軽貨物ドライバーの運転リテラシーの向上など望めません。

結局、大手3社が業界を寡占しているのが問題だと思います。本来は、私たちのような中小企業がもっと力をつけて、発言力を高めなければならないのです。

しかし、100台以上の軽貨物車両と委託契約をしている会社は全国的に見ても100社もありません。九州に限れば、私たちの会社を含めてわずか3社です。関東は軽貨物の台数自体はとても多いのですが、それは1人でウーバーイーツやアマゾンフレックスをやっている個人事業主が非常に多いからに過ぎません。

つまり、業界全体が力をもつごく一部の大手と、力のない圧倒的多数の中小零細・個人事業主に二極化されているのです。この状況をなんとかしなければ、ドライバーの待遇改善は厳しいといわざるを得ません。

軽貨物ドライバーへの理不尽なクレーム

軽貨物をしていると、客からのクレームは日常茶飯事です。クレームがあって当然な行為を軽貨物ドライバーがしてしまったなら仕方ありませんが、なかには理不尽な内容のクレームもあります。

最も多いのは、配達方法や配達時間に関することです。何回インターフォンを押しても応答がなく、委託先の業務規定どおり不在票を残したにもかかわらず「在宅していたのに荷物が届かなかった」とあとから連絡が来ることはよくあります。本当は家にいなかった場合もありますし、いたけれども何か作業をしていて聞こえなかった場合もあります。しかし、それを問うても始まりません。こちらも本当にインターフォンを押したかどうかを証明するのは難しいですから、最終的にはこちらが折れて謝らなければなりません。その場合も、再配達したドライバーが謝罪しているにもかかわらず、玄関口で小一時間も説教したり、改善報告書を出せと要求してきたりなど、嫌がらせとしか思えないクレームもたくさんあります。そんなことに時間を取られるならば、１つでも２つでも荷物を配りたいのがドライバーの本音です。

こちらに落ち度があればまだ納得できますが、なかには「俺の荷物は10時ぴったりに持ってこい」とか「俺の荷物はこう並べておけ」とか、そうしなければならない決まりはまったくないのに文句を言ってくる悪質なクレーマーもいます。

女性ドライバーが荷物を部屋に届けにいったら男が全裸で受け取りに出てきたというケースもありました。それは完全に犯罪行為であり、そうした場合には、私たちの会社では警察を呼ぶなど断固とした対応を取っています。

客以外からのクレームもあります。特に多いのが配達の車が路上に停めてあって迷惑だというものです。もちろん、そこに停めたらいけないという場所、例えば店舗の駐車場に長時間停めていたり、用もないのに人の敷地内に停めていたりするのは問題ですが、通常業務のために短時間路上駐車していただけで「違法駐車だ！」と警察に通報したり、会社に怒鳴り込んできたりする人もいます。

運転に対するクレームにも常に直面しています。かつては、幅寄せや無理な追い越し、強引な割り込みなどにより生じるクレームは、電話で謝罪すれば一件落着でした。しかし、最近はドライブレコーダーやスマートフォンの普及により、その一部始終を録画されているので確実な証拠が残ります。場合によっては録画したものを運輸支局に提出されたり、インターネットに投稿されたりするケースも増えてきました。こうした運転のクレームに対しては、徹底して安全運転指導をドライバーに行うほかありません。

ラストワンマイルは最終消費者に近い分、その行動は常に客や地域住民に見られています。こちらは地域や客を選ぶことはできません。もちろんミスは許されることではありませんが、憂さ晴らしのような理不尽なクレームがあまりにも続くと、ドライバーも精神的に参ってしまいます。それで仕事ができなくなるドライバーが増え、人手不足にますます拍車が掛かれば、運送業界だけでなく日本全体の物流が崩壊しかねません。

休めない、安い、やっていけない「3Y」の連鎖

配送ドライバーの労働時間の長さも問題視されています。特に長距離ドライバーに顕著です。そもそも目的地に行くまでに時間が掛かることに加え、そこから拠点に戻ってくる時間も考慮すると、どうしても長時間労働となってしまいます。途中のパーキングエリアで車中泊をするなど、日をまたいだ勤務も多くあります。数日家に帰れないということも多く、なかには家族関係をこじらせてしまうドライバーもいます。

一方でラストワンマイルを担う軽貨物の場合は、同一地域内の個人宅や企業への配達がメインとなるため基本は日をまたいでの業務はなく、比較的残業も少ないといわれています。しかし近年のネット通販の需要増加と人手不足のせいで、定時で仕事が終わらないことも増えています。

また、宅配便によっては夜遅くの時間指定があるので、例えば荷物が一つしかなくても、仕事を終えることはできません。

決まった休日が取りにくいのも運送業界の一般的な問題として挙げられています。ルート便やチャーター便なら、クライアント企業の休日に合わせて休むことができますが、宅配は相手先が個人宅の場合が多いので、休日も働かなければなりません。やはり人手不足ということもあり週2日休めるのは非常にレアケースです。

個人事業主であれば、生活を安定させるために、あえて休日返上で働いているケースも多いはずです。しかし、もともと収入が高ければここまで無理をして働く必要はないのです。

国土交通省の調べでも、トラックドライバーは全産業と比較して低賃金・長時間労

［図表７］ **年間労働時間の推移**

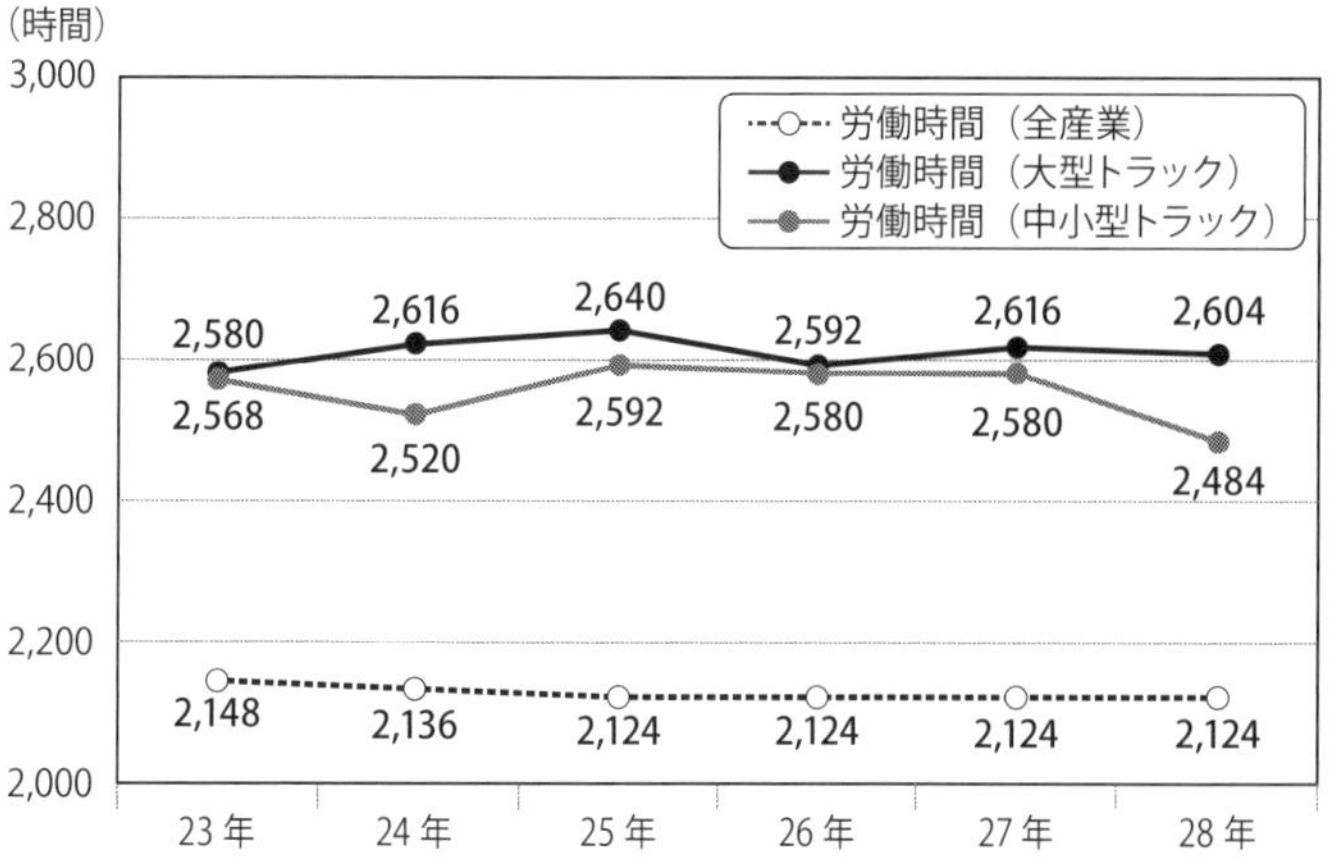

出典：国土交通省「トラックドライバーの労働条件」

働であるというデータが出ています。

具体的には、トラックドライバーの年間所得額は、全産業平均と比較して、大型トラック運転者で約１割低く、中小型トラック運転者で約２割低いとなっています。年間労働時間については、全産業平均と比較して、大型トラック運転者で約１・20倍、中小型トラック運転者で約１・19倍となっています。

つまり、休めないのに安い、だからやっていけないという３Ｙの連鎖が、ますます人手不足に拍車を掛けているのです。この連鎖を断ち切るには、業

［図表8］　年間所得額の推移

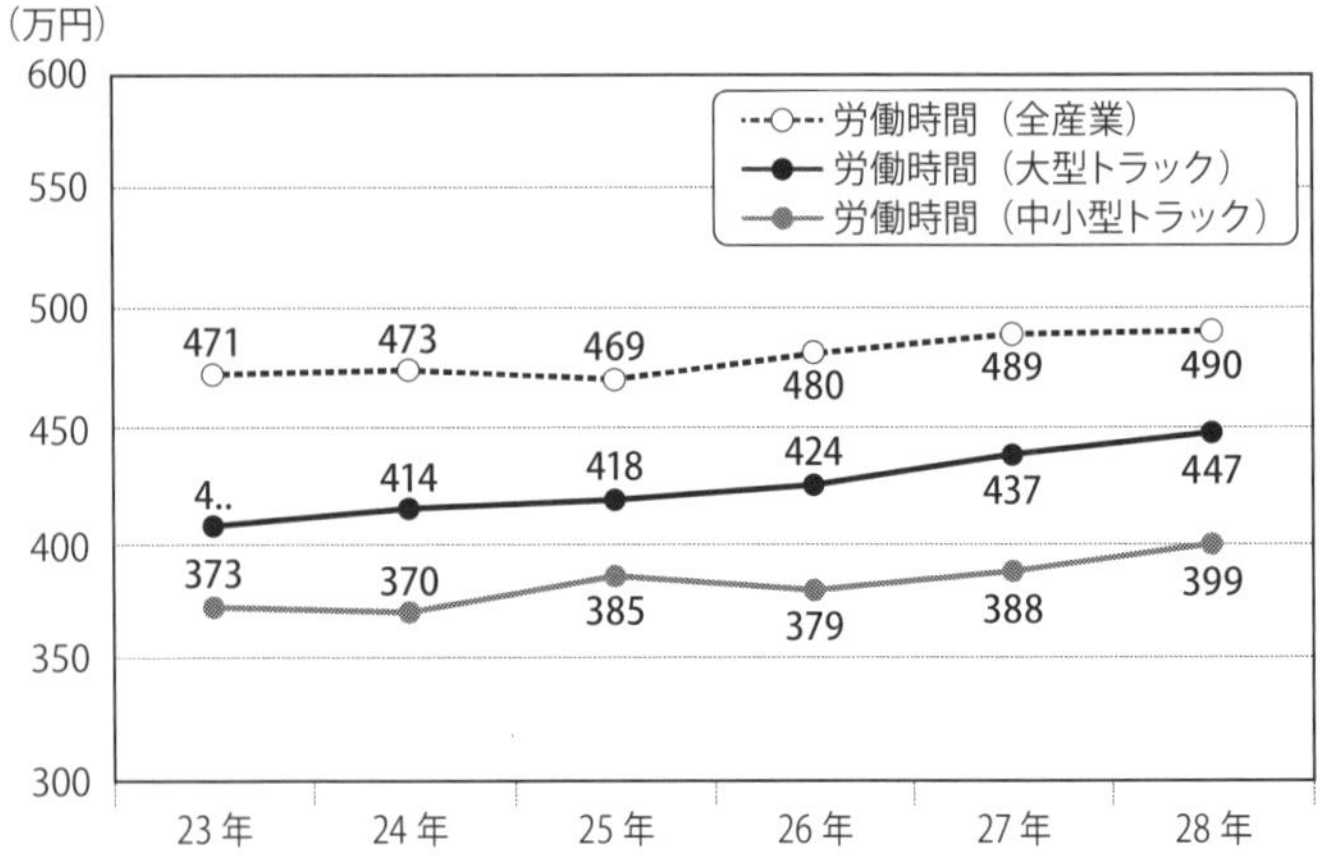

出典：国土交通省「トラックドライバーの労働条件」

界挙げての労働条件の改善が不可欠です。

荷物の個数や担当エリアなどによって収入が変わる

軽貨物ドライバーは特別なスキルや資格、学歴がなくても稼げる仕事です。ただし、それには体力や要領の良さ、配送コース、荷物の個数などによって収入が大きく変わります。何も考えず、場当たり的にこなしているだけでは、思ったほど稼げない場合があります。

大前提として、軽貨物ドライバーは運送会社の社員ではなく、業務委託という形で運送会社から仕事を請け負うことが一般的であることを認識する必要があります。私たちの会社が委託しているドライバーのほとんどが個人事業主です。こうした業務委託ドライバーの給料は基本的に固定給ではありません。運送会社から委託料を受け取る形になります。委託料は案件＝荷物の数に応じて変わります。

つまり、荷物数が多いほど委託料も多くなります。個数は平均1日100個ですから、だいたい荷物1個あたり160円～170円で日給に換算すると平均1万6000円～1万7000円になります。繁忙期は1日200個などということもありますから、多いときは1日3万円以上の委託料を稼げることになります。

しかし、委託料が丸々所得になるわけではありません。まず運送会社の定める手数料が差し引かれます。そして、業務に用いる車両代（月々のローンやメンテナンス費など）やガソリン代なども自分でもたなければなりません。ここが個人事業主のつらいところです。

そうなると、よりたくさん配って委託料そのものを増やしたいと思うのが自然です。

そのために、あらかじめルートを覚えたり、効率的な配送ルートを検討したりという自助努力を重ねているドライバーはたくさんいます。

また、近頃は配送アプリという、住所を入力すればアプリ上の地図に位置が示されるような便利なツールもあります。しかし、努力やツールではどうしようもない天候や道路事情などの不確定要素が多くあるのも軽貨物の特徴です。

さらには地域の問題もあります。原則的には決まった担当エリア内での配達となりますが、いつも同じエリアに配属されるのか、それとも日ごとに別のエリアに配属されるのかによって収入が大きく変わります。当然、決まったエリアなら道も住所も覚えているので効率が上がりますが、初めてのエリアだと土地勘をつかむだけでも大変で、それが毎日となると効率ダウンは必至だからです。

そして、良い運送会社に当たるか悪い運送会社に当たるかという運の問題もあります。自分の地域を取り仕切る運送会社がたまたま高額な手数料を取る悪徳会社だと、ずっと収入が低いままです。こうなると自分の努力ではどうするわけにもいきません。

収入は体力次第、ケガ一つもできない軽貨物ドライバー

担当エリア次第で収入が変わるということは、良い運送会社に当たるかどうかや配送ルートだけでなく届け先がどういった場所なのかということも非常に影響してきます。

例えば都市部ではマンションやアパートが多いため、階段の上り下りなどをする機会も増えます。さらに駐車する場所がないといったケースも多く、その場合離れたところに停車させて荷物を運ぶ必要があります。同じ一つの荷物を届けるのにも体力を要することが多いのです。もちろん時間も大幅に掛かります。高層タワーマンションだと上まで行って順に配送して1階に戻ってくるまで30分以上掛かるケースも多いです。当然ですがタワーマンションだからといって配送単価が上がるわけではありません。さらにビルなど建物が密集している場所では、届け先の付近に来たのはいいがなかなか見つけられず、指定時間前に到着しているにもかかわらず遅れてしまうなどといったこともあります。

体力的にも予想以上にきつい仕事であり、こういった部分がネックになって思うように稼げないということも大いにあり得ます。

さらに死活問題となるのが、こうした体力勝負でありながら病気やケガをすれば利益を1円も出せないということです。もちろん個人事業主であれば、誰でも病気やケガをすればその分利益が失われるため、問題ではあります。しかし、体一つでビジネスとして成り立たせているこの配送業においては特に顕著な問題でもあるのです。

荷物一つあたりが比較的小さい軽貨物ドライバーは、長距離や中距離ドライバーより腕力をさほど要求されないのは事実ですが、一方で件数を回って多くの荷物をさばかなければならないため、一つのマンション内に複数荷物がある場合はまとめて届けようと無理をするなど効率化を重視したばかりにケガなどにつながりやすいです。また、歩行者や自転車などが多い場所では、その分交通事故につながる可能性もありますし、真夏の猛暑のなかや真冬の厳寒期の配送は体力を消耗します。

軽貨物ドライバーは自分の腕次第でいくらでも稼げると同時に、自分の腕だけではどうしようもない不確定要素もたくさんある、極めて不安定な職業だということがいえるのです。

本当はそうした不確定要素を減らし、安定的な職業にしたいのですが、構造的になかなか難しいところがあります。軽貨物ドライバーは需要は高まっているにもかかわらず、厳しい状況におかれているのです。

第3章

多重下請け構造、下請けいじめ、ずさんな労務管理……

軽貨物運送業界にはびこる構造的な問題と悪しき慣習

軽貨物運送ドライバーの多くが立場の弱い個人事業主

軽貨物運送業は会社か個人の所在地を管轄する運輸支局に届け出たらすぐに開業が可能です。そうした開業のハードルの低さが魅力ではありますが、その代わり自己負担、自己責任の部分が非常に多くあります。

例えば、車両のガソリン代やメンテナンス代は自己負担です。社員ドライバーとして企業に所属していれば、すべて会社が負担してくれますが、個人事業主になると、これらの諸経費は自分で賄うしかありません。したがって、常に経費のことを頭に入れながら仕事をこなす必要があります。つまり、その分多く稼がなければならないということです。

また、最近はガソリン代が高騰しているため、売上にも影響します。例えば1カ月の走行距離を３０００km、燃費をリッター18kmとして、２０２０年7月のレギュラーガソリンの平均価格（リッター１２４・８円）と２０２３年6月の同平均価格（リッター

１６６・３円）で１カ月のガソリン代を比べてみると、２０２０年７月は月平均２万８００円、２０２３年６月は月平均２万７７１６円（小数点切り捨て）と、７０００円近くも上がっています。荷物１個の配送料を１７０円とすると、41個分の稼ぎがガソリン代の高騰で吹き飛んでいることになります。

　これは個人事業主にとっては大きな痛手です。少しでもガソリン代を節約するため、エアコンを使用しないとか、一定のアクセルワークを心掛けるとか、最短ルートで走行するといった、涙ぐましい努力を重ねているドライバーもいます。

　また、会社員であれば国民年金も厚生年金も給料から天引きされますが、個人事業主では国民年金保険料は自分で納付しなければなりませんし、年度末の確定申告もすべて自分で行わなければなりません。ガソリン代や車検代などの経費の領収書を保管し、収入と支出の帳簿をつけておき、自分で税務署に行って確定申告を行う必要があるのです。

　最近は自宅からでもパソコンで申請できる便利な仕組みができましたが、会社勤めが長かった人や、数字が苦手な人のなかには戸惑うことや、負担と感じることも多いと思います。そうしたストレスも個人事業主の軽貨物ドライバーにはついて回ります。

そして、最も深刻なのが配送時の事故やケガの保障、荷物の破損などの賠償責任です。まず車両については任意保険の加入が義務付けられており、加入しないと配送の仕事を請け負うことはできません。労災保険や荷物保険は個人の任意です。もちろん加入しておいたほうがいざというときに安心ですが、これらの保険を個人で掛けると月数万円掛かるので、完全に個人でやっているドライバーは掛けていない場合が多いと聞きます。

ただ最近は個人事業主でも労災保険や荷物保険に入っていないと契約を結ばない運送会社が増えてきています。

実際、配送中に熱中症になったり、ドアに指を挟んでケガをしたりというケースもあります。それで例えば2週間仕事ができなくなったら、その間の報酬はゼロになるうえに治療代も掛かります。それは個人ドライバーにとっては死活問題で、保険に入っていなかったためにお金がなくなって借金したという人もいるのです。逆に、保険に入っていたおかげで入院費も通院費も全部支給されて助かったという事例もあります。

荷物の損害賠償については、高額な商品を配達中に壊してしまい、荷物保険を掛けていなかったために数百万円を一括で賠償させられたという話があります。基本的に、運送会社は30万円以上のものは受けないといった決まりを設けているので、そこまでの賠償額は非常にまれですが、保険に入っていない場合は、それなりの負担をしなければならないのは事実です。

個人事業主は自由な働き方ができる一方で、経済的には非常に弱い立場にいるのです。

労務管理がずさんな委託会社が多い

世の中で働き方改革と労働時間短縮の流れが進む一方で、物流業界における長時間労働の問題は解決していません。

２０２４年４月１日から施行される働き方改革関連法により、自動車運転業の年間の労働時間が９６０時間に制限されますが、これが「２０２４年問題」を引き起こし、運送業者の売上とドライバーの収入減少、労働力不足につながる可能性があります。というのも法律の施行により、正社員や契約社員の労働環境は改善される一方、労働力が削減される可能性があることから、その穴埋めとして個人事業主ドライバーへの負担がさらに増加し、人手が絶対的に不足するのではないかと考えられるからです。

そもそも軽貨物のドライバーは現在どれくらいの時間働いているのかというと、２０７株式会社が、自社の配送アプリ「ＴＯＤＯＣＵサポーター」を利用している個人ドライバーを対象に、２０２２年に就労状況の実態について独自調査をしています。それによると、週の勤務日数については、週６日で勤務すると回答した人が半数を占めました。さらにその層が１日に何時間勤務しているかというと、半数以上の52・４％の人が12時間以上労働していることが分かりました。法律で定められている拘束時間は休憩時間も入れて13時間ですから、１日12時間以上というのはギリギリの数字です。それが半数以上ということから、長時間労働が業界的に当たり前になっていることが分かります。宅配の時間指定区切りがあるので、どんなに効率的に配送しても、長時間拘束になりがちなのです。

個人の軽貨物ドライバーはもともとそれを覚悟して業界に入ってきた人が多いので、

労働時間に対して不満を言っている人は多くはありません。長く働けば働くほど収入が増えるからです。

しかし、本来は一般的な会社勤めの人と同じ8時間労働で、月40万や50万を稼げる業界でなければ、根本的な人手不足解消にはつながらないと思います。

業界にはびこる悪しき慣習

軽貨物業界にはびこるさまざまな悪しき慣習も軽貨物ドライバーを苦しめており、これも人手不足の原因となっています。

まずは多重下請け構造です。軽貨物業界は荷物の送り主から依頼を受ける元請け業者を頂点としたピラミッド構造になっていて、その下に下請け業者、さらに孫請け業者が続いています。この階層構造自体は特段珍しいものではありませんが、軽貨物業界は下請けおよび孫請けの層が多いことで知られています。その原因の一つとなっているのが貨物利用運送事業者の存在です。

運送事業者は大きく実運送事業者と貨物利用運送事業者の２つに分けることができます。簡単にいうと、実運送事業者は自らの運送機関を利用し運送を行う者で、軽貨物ドライバーがこれに当たります。貨物利用運送事業者は、自らトラックなどの輸送手段をもたず、実運送事業者に運送の仕事を斡旋する事業者のことで、水屋ともいわれています。実はこの貨物利用運送事業者が、全物流事業者の４分の１を占めているのです。

貨物利用運送事業者は、さまざまな企業から貨物に関わる情報を集め、その貨物の輸送を各運送会社に割り振りする配車係ともいえ、物流を交通整理する役割を期待されています。

その一方で、貨物の情報を得た貨物利用運送事業者が別の貨物利用運送事業者に自身が得た情報を提供し、さらにその情報を別の貨物利用運送事業者に提供するという繰り返しが、多重下請け構造を生み出す温床になっています。

この多重下請け構造を根本的に解消するのは簡単ではありません。貨物利用運送事業者は、貨物利用運送事業許可（登録）を受けてしまえば事務所と電話１本で始められるので、近年増加傾向にあるからです。右から左に情報を流すだけで手数料が取れるのですから、おいしい商売ともいえます。

しかし、その存在が増えてしまうことで、最終的に現場で荷物を運ぶ軽貨物ドライバーの配送料がとても安くなってしまうのです。

最下流のドライバーとしては、なるべくこうした水屋系の業者を通さず元請けから近い部分で仕事を取ることが必要ですが、そのためには営業力が必要です。しかし、ただでさえ毎日の配送で忙しいドライバーが営業活動に割ける時間は限られています。また、そういう仕事が苦手だからドライバーをしているという人も少なくありません。結果的に仲介業者のお世話にならざるを得ないドライバーが多いのです。

多重下請け構造への対策のもう一つは、配送料の単価を上げることです。ガソリン価格など物価が高騰している今、これは多重下請け以前の喫緊の課題ともいえます。ただし、元請けである大手配送業者の力は大きく、かつては下請け業者が単価交渉をしようものなら契約打ち切りを匂わせるなどコンプライアンス違反すれすれのことを行っていました。

最近は運送業界が価格転嫁に対して消極的な業界だとニュースで報道されたこともあり、交渉に応じてくれる会社も増えましたが、社会問題にならないと動かないというのも、昔ながらの古い体質といえます。

支払いに関するトラブルも軽貨物運送業界に昔からある悪しき慣習です。会社員なら決められた給料日に毎月給与が振り込まれますが、委託ドライバーの場合は委託先の企業や運送会社によってバラバラです。しかも、配送した荷物の配送料が翌々月に振り込まれるということもあります。

なぜ2カ月も先になってしまうのかというと、運送会社は元請けからの委託料の支払いを待ってからドライバーに支払いたいからです。そうすれば、自社の持ち出しがないからです。そのため、ドライバーへの支払いは後ろ倒しになってしまうのです。

それでも、ちゃんと支払われればまだましです。これは私が下請けとして仕事をしたときのトラブルですが、請求書を出すのが遅れただけで70万円近い振り込みを渋られたことがあります。遅れたのは、事務員が体調不良で休んで期限までに請求書が出せなかっただけで、「遅れたからペナルティだ」というのです。

しかし、契約書には請求書が遅れたら振り込みも遅れるなどということは明記してありません。弁護士にも確認したところ、そのようなことは認められないということでした。それを伝えたら、今度は支払いを分割にしろと言いだしました。そして挙句の果てには半年後に支払うと言ってきたのです。おそらく単に資金繰りが苦しくて、支払いを遅らせたかっただけだと思います。

ほかには、ドライバーが誤配をしたからといって大幅に配送料を減額して振り込んできた会社もあります。もちろんそんなことは契約書にいっさい書いてありません。なかには支払いをまったくせずに夜逃げしてしまった会社もたくさんあります。

会社であれば法的措置も取れるでしょうが、立場が弱く、そうした手段を取る知識も費用も時間もない個人事業主のドライバーは、結局は泣き寝入りするしかありません。

そうした立場の弱い軽貨物ドライバーを狙った詐欺行為も横行しています。この手の話も昔から枚挙にいとまがありません。

まず、高額なマージンの中抜きです。業者は案件をドライバーに紹介する際に手数料を取ります。これは企業として当然の行為ですが、どれだけ手数料が引かれているか分からないように中抜きされていたら、立派な詐欺行為です。一般的に軽貨物の手数料は10%～15%です。

例えば、荷主が運送会社に1日2万円でドライバーを手配するよう依頼があった場合、通常であれば2万円の案件だとドライバーに明示して、その10%～15%を手数料として取ると伝えるべきです。しかし悪徳業者は、中抜きしたあとの金額、例えば2万円の案件ならもともと1万８０００円の仕事だとドライバーに偽り、さらにそこから手数料を取ることで、余計に利ザヤを得ようとするのです。提示された金額は、本当に荷主からの金額なのか、それとも業者が中抜きしたあとの金額なのか、個人ドライバーは一見しただけでは分かりません。立場も弱いので、本当かどうか聞くのも憚られます。そんなことを聞けば、「信用できないなら仕事を回さない」と言われてしまう恐れがあるからです。ドライバーの足元を見た、非常に悪質な行為だといえます。

求人雑誌やホームページの募集条件と実際条件が違うケースもよくあります。少し盛ってしまったというのならかわいいもので、なかには確信犯的な詐欺まがいの広告も横行しています。

例えば、〈週休2日、1日の売上1万7000円×20日＝34万円、軽貨物車両・加盟金不要！〉といった記載があったとします。しかし、実際には手数料や軽バンのレンタル代、保険代などが差し引かれることは書いてありません。仕事をしてみたら、あまりにも手取りが少なくて疑問に思い、聞いてみたらそうした費用が差し引かれると初めて聞かされるというケースです。当然抗議したら「確認しなかったほうが悪い」と開き直られて終わりで、仕事も回してもらえなくなり、収入源を失ったという話をよく聞きます。

仕事を紹介する代わりに配送用の軽バンを相場より高く売りつけるという話も一時期多くありました。これは、内職商法という昔からよくある詐欺の手口です。詐欺業者は新車を軽貨物ドライバー志望者に買わせることで、自動車販売会社から数十万円のマージンを受け取り、それで稼ぐつもりなので、最初から仕事の紹介をする気はありません。当然ドライバーは稼ぐことができず、気づいたら多額の車のローンだけが残っていたということになってしまいます。ほかの会社と契約したり、個人で頑張って仕事をしたりして返そうと思っても、最初は思うように稼げません。返済だけで精一杯で、ガソリン代や駐車場代金も差し引いたら赤字ということもあります。新規参入者にとっては、最初から大きなハンデを背負わせられるようなものです。

今は軽バンを自前で買わなくても、レンタルやリースで対応できます。仕事を順調にこなせるようになったら、改めて購入すればいいのです。そのため、こうした購入詐欺はほとんどなくなりましたが、その分レンタル代を高額にしている業者もあるので注意が必要です。

最近では、宅配個数のごまかしもよく聞きます。本来運送会社からドライバーに仕事を発注するときは、この個数の荷物を何時から何時までに配送してほしいと明記した作業指示書を渡しますが、悪徳業者はそのような指示書を出さず、「１００個くらい」とあいまいに言って、実際は２００個配らせるといったことをします。あとから抗議すると、そんなことは言っていないとか、増える場合もあるとか言ってあやふやにしてしまいます。

これは、軽貨物市場の拡大が背景にあります。仕事を請け負うときは契約書を交わし、仕事内容も書面で明確にすることが肝心です。

高額な入会金や加盟金を取ろうとする業者も、以前よりは減っていますが、相変わらず存在します。もちろん、ノウハウを教えたり商号を使わせたりする代わりに、入会金・加盟金を取るフランチャイズの仕組み自体は悪くありません。フランチャイズは、ある企業（フランチャイザー）が自社の事業ノウハウやブランドをほかの個人や法人（フランチャイジー）に提供し、その提供を受けた人が独立して事業を展開する契約関係を指します。

しかし、それを払う割に見返りが少ない、あるいはまったくないのに多額の入会金・加盟金を取るのはやはり詐欺だと私は思います。そもそも飲食店と違って、軽貨物のビジネスモデルはフランチャイズに向いていないと思います。基本的に単価が安く、収益性が低いからです。

また、軽貨物運送は基本的に看板を必要としません。飲食店なら有名なチェーンの看板につられて客が来るというメリットもありますが、軽貨物業者の名前で荷物の発送を決めるという消費者は皆無だと思います。そもそも軽貨物は、最終消費者に荷物を届ける仕事ではありますが、仕事自体は企業からもらうBtoBのビジネスモデルです。

つまり、看板がなくても、営業努力や信頼関係があれば十分仕事ができるのです。むしろ、それがすべてといっても過言ではありません。それでも、なにか後ろ盾のようなものや、ノウハウが欲しいという気持ちは分かるので、最終的にはドライバーの自己判断です。月に２００万円とか３００万円を稼げるなら、そこからロイヤリティを払っても十分な利益が残りますが、月平均40、50万円の収入で多額の入会金や加盟金を差し引いたら、残るのはわずかなものです。それでも高額な入会金や加盟金などのロイヤリティを支払わせようという悪徳業者、何も知らないばかりに支払い続けるドライバー、それぞれあとを絶たないのです。

なくならない下請けいじめ

下請けいじめも根深い問題です。その多くが支払いに関するものです。公正取引委員会は、物流事業者への不適切な取引を規制するため、独占禁止法に基づく不公正な取引方法を設定し、荷主と物流事業者間の取引公正化のための調査を行っています。

［図表９］　荷主の不当行為

行為類型	件数	割合
不当な給付内容の変更及びやり直し	351件	47.6%
代金の支払い遅延	161件	21.8%
代金の減額	92件	12.5%
不当な経済上の利益の提供要請	44件	6.0%
割引困難手形の交付	38件	5.2%
買いたたき	26件	3.5%
報復措置	21件	2.8%
その他	4件	0.5%
合計	737件	100%

（注）割合は、小数点以下第２位を四捨五入しているため、合計は必ずしも100%とはならない。

出典：公正取引委員会「（令和4年5月25日）荷主と物流事業者との取引に関する調査結果について」（2022年5月）

２０２２年５月の調査発表によれば、注意喚起文書を送付した荷主の行為として最も多いのが代金の不当な変更で３５１件（47・６％）、次が代金の支払い遅延で１６１件（21・８％）、３番目が代金の減額で92件（12・５％）と、支払いに関するものが８割を超えています。

国土交通省が設定した、「トラック運送業における下請・荷主適正取引推進ガイドライン」（２０２０年４月21日改訂）においても、取引上の問題として真っ先に挙げているのが運賃の設定、次いで運賃の減額についてです。例えば、運賃の設定で問題となる具体的行為の類型として次のようなことが挙げられています（一部抜粋）。

●個別の運送内容等を考慮せずに、一律一定率の引下げをして、通常支払われる運賃より低い運賃にすること

●軽油価格の高騰、多頻度輸送、長距離輸送、手待ち時間の発生等輸送条件が変化したにもかかわらず、それらを一切考慮しないで、通常支払われる運賃より低い運賃に据え置くこと

●特定の運送受託者を差別的に取り扱い、他の運送受託者より低い運賃を設定すること

●荷主から前年比○％の運送料金の引下げ要請があったことを理由として、下請事業者と協議することなく、一方的に前年から○％引き下げた単価により、通常支払わ

れる運賃を大幅に下回る運賃を設定すること

こうした不条理なことを要求されても、構造的に立場が弱いドライバーは泣き寝入りするしかないのです。文句を言ったり、価格交渉を要求したりしたら「代わりはいくらでもいる」とクビを切られるのがオチだからです。こうした立場の弱い下請けに対して一方的に無理な要求を押し付けるのは間違いなくいじめです。

さらに下請けがその下請け（孫請け）に押し付けて、最終的には個人事業主のドライバーに負の転嫁がなされ、利益が少ないどころか赤字の仕事を強いられていることもあります。

実際、赤字の状態で続けていたドライバーが私たちの会社に転職してきたことがあります。詳しく話を聞いたところ、約束した個数を配れなかったり、誤配をしたり、遅刻や欠勤をしたりするたびに違約金を取られ、結果的に月の収入が4、5万円しかなかったそうです。本人は契約だから仕方ないと2カ月我慢して働きましたが、さすがに限界ということで転職してきたのです。辞めるときも違約金を払わされたそうです。契約書を見せてもらったところ、明らかに不当な契約書です。

私たちの会社でも配送に関する違約金制度はありますが、わざと荷物を捨てたり配達を遅らせたりというものに限っており、不可抗力の場合はドライバーに責任を追わせることはありません。いじめにあっていたそのドライバーは、私たちの会社では問題なくしっかり稼げていました。こうした事例はおそらく氷山の一角で、誰にも言えず少ない収入で頑張っているドライバーが全国には大勢いるはずです。

軽トラ1台で始められる参入障壁の低さ

このいじめにあっていたドライバーは非常に若く、この業界に入ったばかりの初心者でした。つまり、業界の常識や法律的な知識が乏しかったのです。そこを悪徳業者に付け込まれたわけですが、これは軽トラ１台で始められる参入障壁の低さの弊害ともいえます。

もし、新規参入するのに何百万円、何千万円の資金が必要だったり、高度な資格、煩雑な手続きが必要だったりしたら、それなりの準備や勉強をしてから始めると思います。飲食店は、社会経験を積んで、ある程度の年齢になったら参入するのが一般的です。しかし、軽貨物ドライバーは、普通車免許があり、軽自動車を軽貨物として登録し、運輸局に開業届を出せばすぐに始められます。車両はレンタルやリースでも可能です。

そうした参入障壁の低さは、人手不足のなかでは非常に助かることですが、それがサービスの質の低下や事故の増加にもつながっているのが、頭の痛いところです。

読売新聞オンラインの記事（２０２２年6月19日付）によると、主に宅配で使われる事業用軽貨物車（黒ナンバー車）が原因で死者や重傷者が出た重大事故が、２０２１年までの5年間で8割増えていると報じられています。台数あたりの事故件数は車全体平均の4・5倍に上り、国土交通省はドライバーの大半が宅配を業務委託された個人事業主と見ています。

その原因を同紙は、「黒ナンバー車での運送業は、緑ナンバー車と違って国の許可は必要なく、届出だけで始められ、新規参入が増えている。（中略）個人ドライバーは労働基準法の対象外で、過重労働が広がっている可能性がある」からとしています。つまり、安易に新規参入したドライバーが、十分な教育もなされぬまま無理な配達を強いられていることが事故につながっているというのです。

その意見については、私も頷かざるを得ません。正直な話、軽貨物運送業がどういう仕事なのか、どんなコストやリスクが掛かるのかという前提条件を理解せず、ただ稼げそうだからと面接に来る人が増えている印象です。そういう人は、いざ仕事を始めてみると「こんなはずじゃなかった」と、ある日突然辞めてしまうことが多いのです。そうなると、配送を予定していた荷物をほかのドライバーに振り分けなければなりませんし、新たに人を雇う手立てをつけなければならず、手間も時間も掛かります。

そこで私たちの会社では、採用すると、まず先輩ドライバーの助手席に「お試し横乗り」をしてもらい、この仕事がやれるかやれないかを判断してもらっています。そこで無理だと思ったら、早めに辞めてもらうのです。そのほうがお互いに傷が浅くて済みますし、もしやれると判断したら、正式に業務委託契約書を交わします。ただし、いきなり路上に出てもらうことはしません。3～5日は軽貨物業界についてや配送の仕方、配送端末の操作の説明など座学を中心とした研修を行います。その後、実際に現場に出てもらいます。しかしスキルがまだ十分ではないというドライバーには応援態勢をつけます。具体的には、一つのコースの荷物を複数人で分けて負担を軽くするなどの処置を行います。これは、安全と配送のクオリティを担保するためには最低限のコストだと思います。

しかし、初期トレーニングにここまで手間と時間を掛けている運送会社は非常にまれです。短いところでは、下見を１日させるだけで独り立ちさせる会社もあると聞きます。安全を無視した無謀な行為といわざるを得ません。

なぜ、安全を犠牲にしてまで、すぐ現場に出すのかというと、早く人手が欲しいからです。ＥＣ市場の拡大で荷物はどんどん入ってくる、それをさばくには猫の手も借りたい、一つでも良いから配って、と運転技術も未熟なドライバーを街に放つのです。これには、元請けの大手運送会社にも責任があります。配れないなら仕事を回さないといったような無言のプレッシャーを下請けの会社に掛けてくるからです。それに負けた下請けの会社が、疎かな研修のまま現場に出してしまうのです。

しかし、それで事故を起こしたら下請けの会社、そしてドライバーの責任です。本来は「ドライバーにとっても危ないし、会社としても信用を失くすことなので、すぐに現場には出せません」と言うべきです。しかし、仕事をもらっている立場を考えると簡単ではありません。結局効率と売上を優先させる考え方が、ドライバーや市民の安全を脅かしているのです。

「儲かるから」だけで起業する人が多い。そこに使命感はあるのか

いまや仕事はネットで探す時代ですが、試しに貨物ドライバーの求人を検索すると、出てくる情報には「稼げる」「儲かる」といった文言が必ず入っています。そういった甘い言葉で誘わないと十分な人手が集まらないということだと思いますが、なかには事実とはかけ離れた情報を掲載している会社もあります。例えば、貨物ドライバーの仕事についてこのように書かれていました。

●若者がトラックドライバーに憧れていた時代は、超高額の月給を稼ぐトラックドライバーが多くいた

●人気の象徴として、トラックドライバーをモチーフにした映画が数多くつくられたり、デコトラと呼ばれる装飾華美なトラックが流行ったりした

●近距離便の場合は給料形態が月給制になっている場合が多く、基本的に荷主からの運賃の変動には関係なく、安定的に稼ぐことが可能

●年間休日数は100日を超えるなど大卒サラリーマンと同程度の待遇

●自分自身で小型トラックを購入し、運送会社と請負契約を結び多額の金額を稼ぐことも可能

これだけ読めば、どれほどおいしい仕事なのかと思います。しかしこれは、良い面ばかりを一方的に紹介しており、非常に無責任な情報だといえます。

そもそも若者がトラックドライバーに憧れていた時代というのはいつのことなのか疑問に感じますし、デコトラ文化も仕事には関係ありません。月給制というのは大手配送業者に限った話で、基本的に軽貨物は個人事業主として委託契約するので、収入額は毎月変わります。安定的に稼げるとは言い切れません。年間休日数も、この書き方だと有給休暇がたくさんあるような印象を与えますが、もちろんそんなものはなく、当然ながら休めば収入はありません。そして、トラック購入を前提としているのは、内職商法など誤った選択を取らせせかねません。

少し調べれば、こんなおいしい話ばかりではないことはすぐ分かります。しかし、人間は自分に都合のいい情報を優先的に信じてしまう習性があります。そのため、こうしたフェイク情報を鵜呑みにし、ただ「儲かる」「儲けたい」という一心で、参入してくる人が増えていると感じます。

実際私たちの会社の面接にも、会社や業界のことを何も調べず、ただ荷物を配達すればいいだろうといった舐めきった態度で来る人がたまにいます。常に人手不足なので、面接に来てくれること自体はありがたいのですが、こういう人はいざ仕事を始めると、思ったように稼げない、想像以上につらいと弱音を吐いてすぐに辞めてしまいます。稼げないのは仕事がないからではなく、仕事に対する態度がいい加減で、効率が上がらないせいなのです。

逆に私たちの会社や業界のことをしっかり調べて面接に来て、受け答えもしっかりしている人は、やはり多く稼げています。個人事業主は会社員のように受け身ではなく積極的に稼ごうという意志がないと難しい働き方です。

私はそうした部分も面接でしっかり見て、意識の高いドライバーだけを採用するようにしています。

しかし、ほかの会社では目先の人手が欲しいばかりに、かなり意識の低いドライバーでも雇っているという印象です。そういうドライバーがクライアントや客からクレームを受けたり、事故を起こしたりすると、業界全体の信頼が落ちます。

その結果、ドライバー全体の待遇や収入がなかなか上がっていかないということが起こります。自分たちだけ真面目に一生懸命働いても限界がある、こうしたジレンマに日々苛まれています。

これはすべての業種にいえることですが、仕事に対するやりがいや使命感をもたないと、長続きはしないと思います。やりがいや使命感というと大袈裟に聞こえると思いますが、軽貨物なら車を運転するのが好き、決められた荷物を時間内に届けるミッションをクリアするのが楽しい、誰かのために役に立っているのがうれしいといったことで十分です。そうした気持ちが少しでもある人は、自然と接客や身だしなみ、言葉遣いなどにも気を使うことができ、結果的に収入が上がっています。

これからますます新規参入が増えていくと、いつか需要と供給が逆転するときが来ると思います。つまり人手がだぶついて、売り手市場から買い手市場へ変わるのです。そのとき、意識やスキルの低い人は淘汰されます。つまりプロ意識をもったドライバーでないと、長い期間にわたって稼ぎ続けることは難しいのです。

第4章

ドライバーの賃金アップ、福利厚生の充実、教育研修……

業界の常識を覆し、軽貨物運送の社会的地位向上を目指す

資本がなくても仲間を増やせる「業務委託」

軽貨物運送会社の雇用形態は基本的に業務委託です。もし社員やパートを雇う形になると、社会保険料や税金、車両も会社ですべて管理しなくてはなりません。すべてのコストが会社の負担になるのです。

しかし業務委託という形は、会社側の負担が少なく済むだけでなく、実はドライバーのニーズも高く、「業務委託でやりたい」と自ら志望するドライバーも少なくありません。

なぜかというと、軽貨物のドライバーには、もともとフリーランスで働きたいという自由志向の人、あるいは将来会社を経営したい独立志向の人が多いからです。

この傾向は、私たちの会社のようなドライバーを管理する会社には願ったりかなったりです。一から人を集めるためのコストを掛けることなく人手を増やせるからです。独立志向のある人は会社にとって事業拡大のために欠かせない仲間です。そういう意味でドライバーの皆さんとは、ウィンウィンの関係になっています。

ドライバーにとっても、個別にフリーでやるのではなく、管理会社に所属するメリットはたくさんあります。

まず仲間が増やせるということです。個人事業主は確定申告など事務的なことも自分でやらなければなりません。基本的にフリー同士というのは横のつながりがあまりありませんが、同じ管理会社のドライバー仲間になら気軽に相談することができます。なかには意気投合して、一緒に新しいビジネスを始める人もいます。

もちろん、管理会社と業務委託契約を結ばず、一人で軽トラを買って独立して案件を取って事業をしている人もいます。私も大手配送会社を辞めたばかりのときはそうでした。

昔は個人事業主のまま委託契約できる会社が少なかったですし、あったとしても所属するメリットをあまり感じられませんでした。単刀直入にいえば紹介してもらえる案件が少ないからです。昔は大手から下請けするのが当たり前でしたので、単に手数料を引かれているという感覚が強かったのです。だったら自分で営業して、直接契約できる会社を探したほうが手っ取り早いと感じました。実際そのようにして、仕事を取ってきたのです。

しかし、今自分が軽貨物で起業するなら、管理会社に所属したいと思うはずです。そのほうが今は圧倒的に稼げるからです。どこの会社も、以前に比べて営業に力を入れています。そういう部分ではこの業界も進歩していると思います。そういう会社に所属すれば、自分で営業する必要がありません。管理会社から手数料は差し引かれますが、自分の仕事に集中できます。特に人と話すのは苦手、営業するのがうまくないという人は、より効率良く稼ぐことができると思います。

どんな業種でも、一人で事業を始めると、最初は営業が大変です。特に新規参入の場合は、縁もコネもありません。私が始めたときは、仕事がありそうな会社に片っ端から飛び込み営業しました。しかし、名刺を渡しても「何の仕事をしている人？」という反応しか返ってこず、まだまだ軽貨物に対する一般企業の認知度はゼロに近いものだったのです。自分のやっていることが認められない、仕事が欲しいのになかなか得られない――そのような苦労は二度と経験したくないですし、これから軽貨物で活躍したいと思っている若い人たちにもできれば経験させたくありません。

もちろん、法人化して事業拡大していくのなら営業力は必要ですが、それはあとから考えればいいのです。まずは仕事に慣れることを優先すべきであり、そのためには、私たちの会社のようなところの傘の下に入って、やりやすい状況を自分でつくって、技術とノウハウを身につけていくべきです。そしてある程度慣れてからじっくり独立に向けて動けば良いと考えて、私たちの会社には独立支援の制度もつくりました。

業務委託契約を結ぶメリットは経費にもあります。軽貨物配送は、誰でもすぐできる敷居の低さがある一方、保険やガソリン代などのランニングコストが掛かります。特に自動車保険とは別に、労災保険や荷物保険を個人で掛けているドライバーは多くありません。個人で契約するとかなり費用が掛かるからです。しかし万が一を考えたら、そうした保険はなるべく入っておいたほうがいいです。

その点、私たちの会社ではそうした保険に関する福利厚生を充実させていますし、ガソリンカードの支給もありますので、個人で契約するよりもコストの削減につながります。

私がドライバーを始めた頃は本当に保険に関する福利厚生を充実している会社やガソリンカードを支給しているような会社がありませんでした。実体は個人事業主で、一つの取引先に数台のトラックを入れているようなやり手のドライバーはいましたが、会社としてドライバーにメリットを提示して、ドライバーを増やすために動いているような会社は皆無でした。むしろ売上を抜いてやろうとか、隙あらば騙してやろうという会社がほとんどでした。

それが私はすごく嫌でしたし、自分がやられて嫌なことはしたくないので、自分が会社をつくったときは、入ってきた人が軽貨物業界を魅力的に感じられるような仕組みをつくろうと考え、これまでさまざまな施策に取り組んできました。

若い人のなかには、手数料を取られることに抵抗がある人も多いと思います。しかし、ＳＮＳやＹｏｕＴｕｂｅで表も裏も包み隠さず発信し続けてきたおかげで、軽貨物運送についての理解を深め、「こういうメリットを受けるためには手数料を払うのは当然」という良い認識をもって面接に来る人が増えてきました。

なお、個人事業主＝フリーランスとして働くのも初めてという人には、フリーランスガイドという冊子も用意しています。そこには、私たちの会社に所属するメリット、働き方のイメージ、在籍するドライバーの声、契約までのスケジュール、Ｑ＆Ａをなるべく分かりやすく紹介していますし、分からないことがあれば個別に質問してもらっても構わないと伝えています。お互い納得したうえで、気持ち良く仕事ができればと願っています。

スタッフのニーズに合わせた働き方の提案

昔の軽貨物は、とにかくガシガシ働きたい人の職業というイメージでした。稼ぎたければ宅配便、ただし仕事はきついというのが当たり前の業種だったのです。とにかく寝る間も惜しんで働いて、お金を貯めて、事業を始める、というのが黄金のパターンでした。

しかし、今の時代、それだけで人は集まりません。そもそも働き方が変わったのです。今は働くのはほどほどにし、プライベートを充実させたいと思っている人も増えています。

昔は働くことこそ正義で、「24時間戦えますか？」などという今ならコンプライアンス違反確実な栄養ドリンクのＣＭもあったほどです。ほどほどに働きたいという考え方は軟弱もいいところで、とにかく馬車馬のように働くのが〝かっこいい男〟という時代があったのです。

しかし、今は地方自治体でさえも副業が許可されているという時代ですし、働き方はフルタイムだけではありません。そして軽貨物の世界も、自分らしい働き方で、頑張った分だけ稼げる仕組みが必要です。

そこで私たちの会社では、単価、仕事のバリエーション、仕事量を組み合わせることで、ガッツリ型・安定型・副業型という３つの働き方を用意しています。

［図表 10］　ガッツリ型　～宅配の場合～

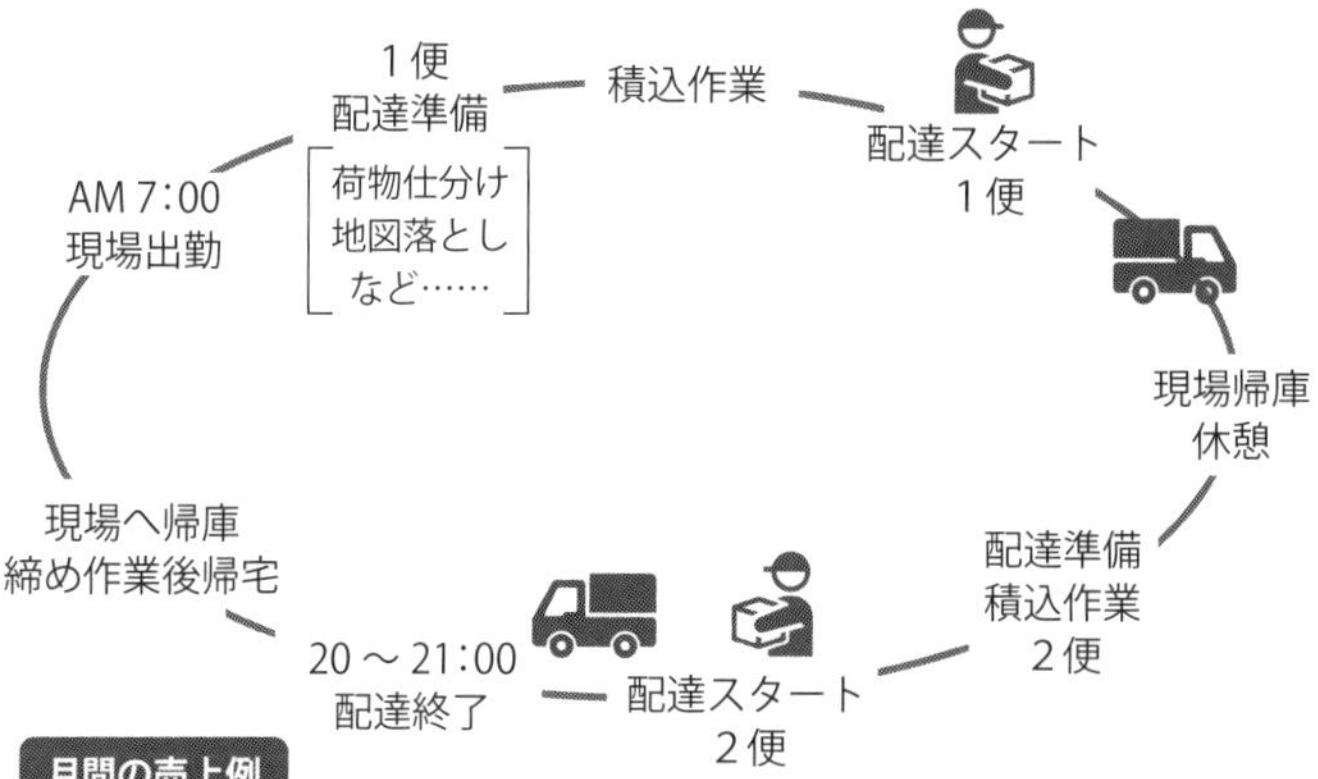

月間の売上例

1日売上……150円／個　×　120個（配達完了）　＝　18,000円
25日稼働……18,000円　×　25日　＝　**450,000円**
※配完戸数、稼働日数により変動あり

著者作成

【ガッツリ型】

これは私たちの会社のなかでいちばん稼げる働き方です。1日2便をこなす、まさにフルコースです。フリーランスガイドの月の売上例には45万円と書いていますが、ガッツリ型ならこれより稼いでいる人がほとんどです。これまでに稼いだ人の最高金額は月に115万円で、ガソリン代などの経費を引いたとしても90万円以上は残る計算

なので、その人は家を購入しました。月に115万円も稼げる人は、元アスリートのような体力的にタフな人だと思われがちですが、前職はとても真面目な営業マンです。出発前には呼称確認したり、配達先に行ったら名前を読み上げて誤配がないようにしたり、マニュアルどおりにしっかりとやっていました。当然安全運転も徹底しています。

そのように、スーパーマンではなくても、仕事に対して真面目であれば、誰でもガッツリ稼ぐことができるのです。

【安定型】

月に20万円後半から30～40万ぐらいの収入で十分、その代わり仕事が終わったあとの家族との時間を大切にしたり、土日祝は趣味に没頭したりしたいという人には、ルート便中心のこちらのコースを提案しています。

パターンはいろいろありますが、一例を挙げると塗料を各建築現場に配送する仕事があります。時間は朝の8時から夕方の5時までと決まっているので残業はありません。

［図表 11］　**安定型　～企業専属の場合～**

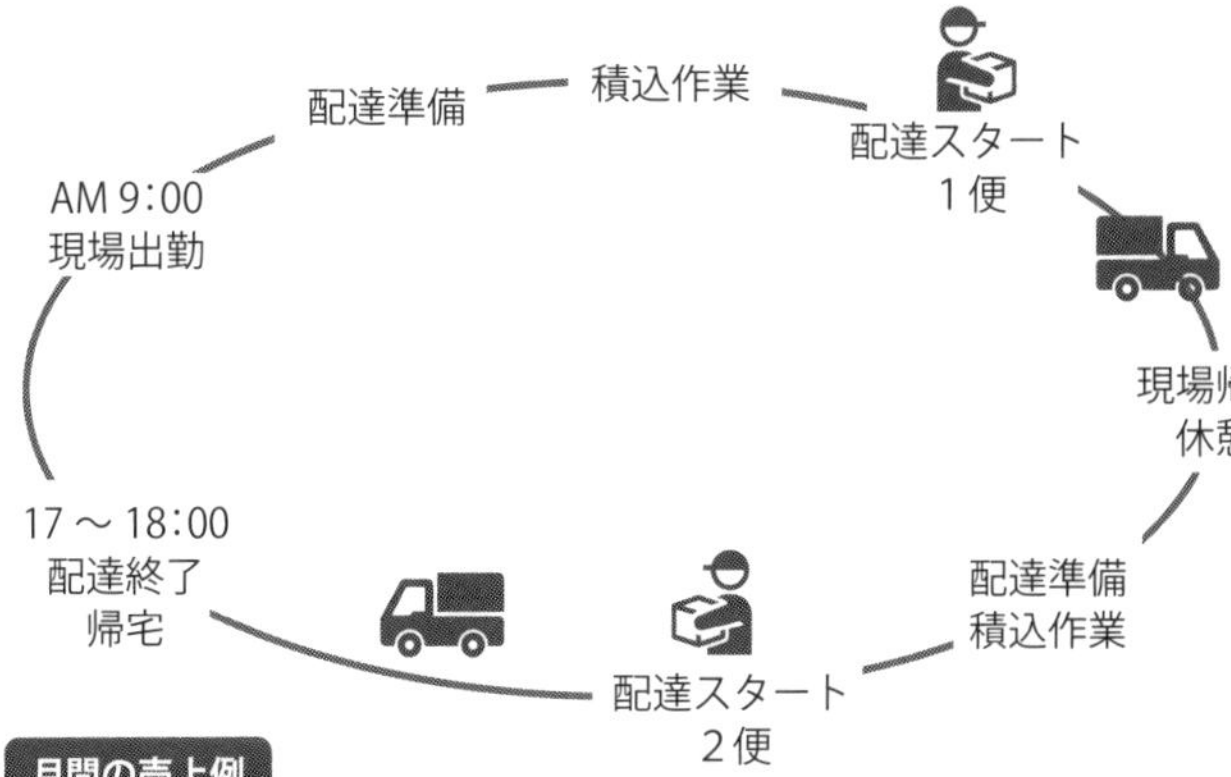

月間の売上例

12,000円／日　×　22日稼働　＝　**264,000**円　※稼働日数により変動あり

著者作成

定時に帰れるのも魅力の一つです。

【副業型】

本業の隙間時間に働きたい人向けのコースです。実際、フリーランスのシステムエンジニアや生花店に勤めながら、空いた時間に私たちの配送の仕事を副業的にしている人もいます。

例えば、深夜の新聞の配送など夜型の人に向いている仕事もあります。印刷所で刷られた新聞を、各販売所に配送する仕事で、深夜の２～３時間限定です。また朝方なら米の配送もあり、朝９時～11時の午前中の２時間だけの仕事です。これなら、午後から別の仕事を掛け持ちすることも可能です。

当然収入はガッツリ型や安定型に比べると少ないですが、それを理解したうえで、隙間時間のお小遣い稼ぎとしてやりたい人のニーズにマッチしています。

さらには、ガッツリ型に夜間やスポットを加えたり、安定型に夜間や夕方のみ、そしてスポットの仕事を加えたりするといったアレンジもできます。

スポットとは、突発的な１回だけの仕事です。案件が入るとＬＩＮＥなどで募集または依頼をします。自分のライフスタイルに合わせたさまざまな働き方ができ、そして働いた分だけ稼げるのです。

なお、ルート便やチャーター便のような宅配便以外の仕事は、企業に直に営業をしないと取ってくることができません。私たちの会社では日々、ドライバーのために仕事を取ってくる努力をしています。その方法は多岐にわたり、会社に「何か配送の仕事はありませんか」と直接電話をして営業するパターンもあれば、ホームページに「こんな配送をしてほしい」と問い合わせがあった会社に私たちの営業担当が行って契約につながるものもあります。委託ドライバーからの紹介で取れた仕事もあります。狙い目としては斜陽産業で、例えば新聞の夜間の配送などがそうです。昔は新聞社の契約トラックが各販売店に一斉に配っていました。しかし、今は自社でドライバーを雇用する余裕がないので、私たちの会社のような外部の貨物会社にアウトソーシングをしています。

今は世の中全体がアウトソーシング化しているので、どんな業界でも、物の動きがあれば、運送業者の出番です。だから街を歩いていても仕事の種がないかアンテナを張り巡らせています。

黙っていても仕事がもらえる大手宅配3社の下請けに甘んじて、新規ルートや副業の仕事を取りにいこうとしない会社は少なくありません。

しかしこのままでは、競争も激しくなって、下請けの仕事も簡単にはもらえなくなることが予想されます。そのときにものをいうのは営業力やブランディング力です。生き残りの鍵はそこにあると私は思っています。

ガソリンカードや保険など福利厚生を充実させる

私がガソリンカードや保険といった福利厚生を充実させる理由は、軽貨物運送会社として、ドライバーに稼げる以外のメリットを提供したいからです。ランニングコストのなかで最もドライバーの負担になっているのがガソリン代です。この分を月に1、2万円でも下げることができれば、ドライバーの手元に残るお金が増えます。手元に残るお金が増えれば生活が豊かになります。生活が豊かになればもっと仕事を頑張ろうと思いますし、ドライバーが仕事を頑張ってくれれば、私たちの売上も伸びます。

情けは人のためならずというように、ビジネスとして、ガソリンカードを提供しているのです。

ガソリンカードの仕組みについては、まず私たちが協同組合に加入し、その組合を通じて申請します。そうすることでスケールメリットが活かされ、ガソリンの購入単価が下がるのです。市場価格より安くなります。

積極的に走行するドライバーにとっては、１カ月で１、２万円もの節約につながります。このガソリンカード欲しさに私たちの会社と契約したいと連絡してくるドライバーもいるほどです。

保険については、保険の代理店を自社で運営しています。そこが委託ドライバーに保険を販売することで、事故時の迅速な対応を可能にしています。

特に人気なのは業務保証パックです。これは業務中の労災保険や荷物保険を月額税込１５００円で提供するサービスです。

ガソリンカード、労災保険と運送保険、業務保証パック、すべて提供している会社はほかにはないと自負しています。ガソリンカードだけを提供する会社はあると思いますが、保険代理店を設置している会社はまれです。

私が保険代理店を設けるようになったのは、保険と運送業の親和性を感じたからです。

具体的にいえば、ドライバーと委託契約をして車両に保険を掛けるとき、以前は外部の保険会社にお願いしていたのですが、それを自前でやれたら手数料なども全部収益化できると思ったのです。

同時に、ドライバーのセカンドキャリアにも役立つと考えました。腰を痛めて荷物を持てなくなったという人でも、保険の営業なら体への負担が少ないので働ける可能性があります。まだドライバーから保険の営業マンに転職した人はいませんが、そうした万が一のときの受け皿があれば、安心して働けるはずです。

入り口を魅力的な場所に見せる

私たちの会社ではＳＮＳやＹｏｕＴｕｂｅでの発信を積極的に行っています。法人化した２０１７年当初から行ってはいましたが、本格的に発信に力を入れようと決めたのは２０１９年のことでした。

理由は、ドライバーを集めるうえでも、仕事を取るうえでも、知名度がないことに限界を感じたからです。

例えば、ドライバーの採用面接では、私たちの会社のことをまったく知らないで、ただ求人広告の条件を見て来ただけの人が多く、そういう人に自社の理念や働き方を1から10まで説明するのは大変です。

また、入社前のイメージとのギャップにより、いざ入っても辞める人が多かったのです。

仕事を取りにいくにしても、営業先で「何の会社？　何をしている会社？」というところからスタートするのはとてもつらいものがありました。これからは、情報のアウトプットを強化して、知名度を上げていかないと立ち行かない時代なのだと痛感したのです。

もちろん、私たちの会社がいわゆる大手の下請け体質の会社だったら、そんな必要はなかったと思います。運送業界のなかで完結するのなら、知名度はあまり必要ないからです。

実際、大手の仕事にぶら下がっているだけで食べている会社はたくさんあります。確かに、今は荷物が多いので、それだけでもご飯を食べていくには困りません。別に大きくなろうとも思わない、ほどほどのスケールで細く長く続けられればいい、そういうモチベーションでやっている業者は多くあります。

しかし私は、そういう会社と一緒にされたくはありませんでした。なぜなら、現状維持で変化がなければ、やがて時代に取り残されてマイナスになることは、火を見るよりも明らかだからです。

大手からぶら下がって仕事を取るのは嫌だ、と自ら果実を取りに行かなければと思ったら、積極的に自分の会社を知ってもらう必要があります。知ってもらうための工夫はいろいろしてきました。なかには、紙のリーフレットやチラシなど、お金だけ掛けてたいして効果もなく終わったこともたくさんあります。残念ながら今は紙の時代ではないのです。

そのなかで行き着いたのがＳＮＳやＹｏｕＴｕｂｅでした。特に人材獲得の部分、若いドライバーにリーチしやすいのです。そもそもホームページをつくる費用もなかったので、副社長がフェイスブックに会社のアカウントをつくるところから始めました。そこでブログのような感じで、会社の営業内容などを写真とともに載せるなど、地道な作業をしていたのです。

２０１９年にはＹｏｕＴｕｂｅも始めて、今はＴｗｉｔｔｅｒやＴｉｋＴｏｋも利用しており、会社としてSNSには非常に力を入れているといえます。その効果は新規契約のドライバーの数に明確に表れており、同じ月で比較すると、この1年間で200人から300人と1.5倍近くに膨れ上がっています。

SNS戦略のコツは、理念や自分の考えを発信することです。理念やビジョンに共感できる人が入ったほうが、離職率も下がると思うからです。逆に社長の考えにまったく同意できない人間は働くことがストレスになります。だから私はオープンにできることはオープンにして、包み隠さず話すようにしています。こういう考えで、こういうやり方で、こういった仕組みで会社を運営しています。それを良いと思うのであれば来てくださいというスタンスです。とにかく情報をアウトプットすることを心掛けています。

ただし、単に注目を集めたいとか、良いことだけ言って応募数を増やしたいわけではないので、良いところだけでなく悪いところも伝えるようにしています。誰でも稼げるわけではないとか、こういう理由で辞めた人がいるとか、生々しい話も極力するようにしています。会社のリアルを知ってほしいからです。

クライアントに協力してもらって、実際の配送現場を動画で撮って流すこともあります。ドライバーになりたい人には「こういう商品を配るのか」と臨場感を味わってもらいたいですし、企業にも「こういうニーズがあるのか。だったらうちでも頼めるかも」と思ってもらえたらうれしいです。そうした映像はどんどん溜まっていくので、営業ツールとしても使えます。ＹｏｕＴｕｂｅは次から次へと関連動画が出てくるので、自分の会社のことを知ってもらうには、これほど便利なものはありません。

とにかく良いところだけパラダイス的に見せるのではなく、悪いところもリアルに見せることで、軽貨物業界に親しみをもってもらいたい、親近感をもってもらいたい、そんな思いで毎日コツコツと発信しています。

小さな積み重ねが大事。「マナー教育」は欠かせない

私たちの仕事の基本は、一歩一歩、コツコツと積み上げることです。これは「マナー教育」にも当てはまります。新入社員の研修は会社が全力でサポートし、勉強用の資料

も複数提供します。

例えば、誤って商品を違うところに配送した場合の対処法など、現場で役立つ情報を提供しています。安全運転については、自分の運転のクセを理解し、安全意識を養うために特別な訓練を行っており、その一部として自動車事故対策機構、通称ＮＡＳＶＡ（ナスバ）への参加を費用面で支援しています。

また、私たちはオリジナルの道路講習も行っています。これは、ドライバーが一緒に車に乗って運転のスキルをチェックするものです。

チェックには自動車学校の教官からもらった運転チェックシートを使っています。事故を起こした人や運転に問題のある人に対しては、このチェックシートを使って一緒に車に乗り、運転のクセや問題点を指摘します。

しかし、正直なところ、マナー教育はまだまだ改善の余地があると考えています。そのために、教育動画をつくる試みを行っています。それを研修のなかに取り入れる予定です。

一方、日々の仕事のマナーで心掛けていることは、顧客とドライバーとの間に起きる

［図表 12］ **事故発生報告および改善報告書の例**

事故発生報告および改善報告書

いつ 【日時】	令和　年　月　日　午前・午後　時　分頃
どこで 【場所】	県　　　　市
だれが 【主体】	
なにを 【状況を具体的に】	
なぜ 【理由・原因】	
どのように 【改善点】	
社内の教育指導としてどうしたか以下に記載	
担当	
実施日	発生日　発生翌日　その他（　　　）
内部周知	□全体朝礼　□グループLINE　□SNS　□その他（　　　）
その他	

作成日　令和　　年　　月　　日

承認者印

著者作成

問題への対応を迅速に行うことです。問題が起きたら、リーダーが詳しく話を聞き、指導を行っています。

たばこに関するクレームも重要な課題です。私たちの会社では社内での喫煙を厳しく禁止しています。これは顧客がたばこの匂いに敏感だからです。特に子どもへのプレゼントなどが、たばこの臭いで台無しになるのは許されません。昔から軽貨物業界にいるドライバーのなかには厳し過ぎると言う人もいますが、今はこれくらい気を使って当然なのです。

荷主との直接取引でドライバーの賃金アップ

荷主と直接取引し、ドライバーの賃金を上げるという私たちのスタイルは、一般的な多重下請け構造から逸脱しています。私たちは二次請け・三次請け・四次請けから仕事を受けるのではなく、メーカーと直接取引し、その仕事をドライバーに振るようにします。その結果、単価が高くなり、ドライバーの賃金が上がるのです。

もちろん業界の慣習として他社に仕事を回してもらうことや、力のある会社からの下請けをすることなどもありますが、原則直接取引にこだわっています。どうしてかというと、間に業者がたくさん入ると薄利になり、結果的にドライバーの首を絞めるからです。

ただし、荷主との直接取引に絞るのは難しいことも分かっています。だからこそ積極的な営業が必要だと考えています。

現在、私たちの会社には委託契約ドライバーが３００人以上います。彼らが希望する仕事を回すために大手（佐川・ヤマト・日本郵便）との取引とは別に１００社以上の企業の案件を直接取引しています。どんな案件かというと、例えば花の配送や塗料の配送、電設資材の配送、アマゾンのＥＣ系の荷物の配送などがあります。さらに地域のデパートの商品の配送、ネットスーパーなどの仕事も含まれます。

短期的な案件、つまり１日や２日で終わる仕事もあります。例えば工場の部品の配送や、新聞の代理店への配送などがそれです。

そのほかにも、社内便の配送や、引越し会社と契約して現場にダンボール資材や引越し資材を運ぶ仕事、カプセルトイの交換や集金、鉄工所の部品の配送、冷凍・冷蔵の牛乳の配送なども行っています。特にカプセルトイの交換は時間に追われることがなく、重たいものを持つわけでもないので、シニアや主婦に人気の案件です。とはいえ、新聞の販売店に卸す仕事でもシニアのドライバーが何人もいますし、アマゾンのドライバーには女性も多くいます。軽貨物というくらいなので、荷物はそんなに重くありません。業界全体がシニアにも女性にもフレンドリーです。

さらに私たちの会社では、高齢者でも主婦でも働けることをモットーとして打ち出しています。一番の狙いは働き手の間口を広げることです。ガッツリやる人だけを集めようと思うと敷居が高くなるので、あえてハードルが低い仕事も用意しているのです。

そうしたハードルの低い仕事は単発で小さな案件になりがちですが、荷主と直接取引しているのでそれなりの報酬を得られます。

例えば、大分から福岡までの牛乳の配送の案件があったとします。間に運送会社を挟むと2万円ですが、直接取引だと3万円になります。逆にいえば、直接の取引でないと、取り分が3割減ってしまうのです。

こうした直接取引の仕事を取ってくるために、社員は全員が営業に関与しています。役員も社員も皆、営業活動に参加しており、営業専門のグループ会社もあります。それくらい営業に力を入れないと、とてもドライバー全員が満足できる仕事を用意することはできないのです。

報奨制度などでモチベーションアップ

私はドライバーのモチベーションアップのために、さまざまな報奨制度を導入しています。

例えば、半年間無事故・無違反で誤配がゼロなら賞品券5万円（現場や時期による）、夏冬の繁忙期にはすべてのドライバーに手当として2万円を支給しています。また、「誤配ゼロキャンペーン」というものを定期的に実施し、会社が設けた目標を達成したドライバーには商品券を進呈するなどの取り組みも行っています。

これらの目的は、モチベーションアップのためだけではありません。私たちが仕事をしている業界は、他社との差別化が非常に困難なのです。ただ単に配達するだけであれば、違いは報酬ぐらいです。それほど他社と差をつけることは簡単ではありません。

そうしたなかでどうすればたくさんのドライバーに来てもらえるのか考えた末に導入したのが、会社が自主的に報奨制度を設けることです。特に頑張って結果を出しているドライバーが、私たちの会社で働くメリットを感じられるようにすることです。そうした報奨は、法令遵守の精神を養うことや、忙しい時期でも皆で頑張ろうという会社へのロイヤリティにもつながると思います。

さらに、報奨制度はレクリエーション的な要素も含んでいます。稼ぐだけでなく、何か賞のようなものがあれば、少しでも楽しく仕事をしてもらえると思ったからです。このような取り組みは、軽貨物運送会社ではあまり見掛けない方法です。

これらの取り組みに対するドライバーたちの反応はさまざまで、報奨制度を通じて楽しんでいる人もいれば、興味をもたずに参加しない人もいます。人それぞれだとは思いますが、私たちはドライバーをヒーローだと思っています。彼らが輝くために、あらゆる制度を導入しています。

言い換えれば、私たちができることは、主役であるドライバーがやりがいをもち、楽しく仕事ができる環境を整えることだけなのです。

保険事業を引退後のドライバーの受け皿に

保険代理店の構想は、実は法人設立の前から頭にありました。実際、法人設立とほぼ同時に保険代理店の設立を行いました。

なぜそのようなことを行ったかというと、軽貨物運送は肉体労働なのでドライバーが腰を悪くしたりケガをして体が不自由になったりして、運送業ができなくなってしまうリスクがあるからです。ドライバーを集めて仕事をするのなら、そうしたこともあらかじめ想定しておく必要があります。生命保険と自動車保険の両方を扱う保険の営業には民間の資格が必要で、この資格を取得さえすれば、ドライバーの皆さんにセカンドキャリアの道を提供できると考えたのです。

そう思ったきっかけは、私がヤマト運輸や日本郵便など大手運送会社に勤めていたときのことです。腰のヘルニアになったり、家族が病気になったりして、運送業を続けられなくなった人を何人も見てきました。それまでドライバーしかしてこなかった人が、新たに職を探すというのはたいへん高いハードルです。

しかし自社に保険営業の仕事をつくれば、新たなスキルを学ぶ必要があるとはいえ、すでに社内で人間関係が築けているので、ほかの職場に移るより、はるかにハードルが低いと思ったのです。

せっかく研修に費用と時間を掛け、信頼関係も築き上げた人材を、簡単に外に流出させたくないという本音もあります。会社として大きな損失だからです。たとえ、運送業以外の仕事でも、そうした人材を社内で活かすことは最善の策だと考えます。

ただ、実際には保険業務に移行したドライバーはまだいません。興味を示す人はいましたが、保険の営業はやはり特殊なスキルが必要で、「誰でもどうぞ」とは言えないのが現実です。また、ほとんどの人が、現実に直面するまで動かないという実態もあります。つまり、自分が働けなくなるとは想像していないのです。

だから、ただでさえ忙しいのにセカンドキャリアのために勉強を始めようと思う人はまだ現われていません。これは私たちが保険の仕事の魅力をうまくドライバーに伝えられていないという問題でもあります。

ちなみに、優れたセールスドライバーはすばらしい営業パーソンにもなると断言できます。なぜなら、運送の営業と保険の営業は、それぞれ見えない商品を売るという点で一致するからです。

そう考えると、運送の営業で高い実績を誇る者は、必要な知識を身につけることで、保険の営業でも同様に成功できるはずです。

実際、社内のドライバーを見て、保険の営業パーソンとして適性をもっていると感じる人は何人もいます。ただ、彼らは運送業界で十分に稼いでいるので、わざわざ異なる業界に転職する意思はないようです。

なお、軽貨物運送の経験が保険営業にプラスになる面もあります。軽貨物ドライバーは特定の地域を巡ることが多く、コミュニケーション能力に優れたドライバーは顧客との良好な関係を築くことができます。そうしたドライバーは、これらの顧客を自身の保険の顧客にできる可能性が大いにあります。

しかし、一つ注意点として、金融庁の規制により、ドライバーが運送業と同時に保険を売ることは許可されていません。ドライバーと保険営業マンの兼業は許されていないのです。

それでも、ドライバーを辞めたあとに保険営業として、それまで培った人脈を利用することは問題ないはずです。運送ドライバーの経験を活かして保険営業マンに転職というのは、面白いキャリアステップではないかと思います。

なお、私たちの会社では、保険営業に興味がある人がいれば、資格取得の費用を全額会社が負担します。そして、試験日はもちろん、勉強時間を取るために早退したいという場合も、その意向を汲んで柔軟に対応します。

現実的なことをいえば、私たちの会社の保険営業担当者は現在2人しかおらず、人材確保が急務です。当然ですが社内のことをよく分かっている元ドライバーがそれを担ってくれたらこれ以上好都合なことはありません。

そういう点でも、セールスドライバーが保険の営業マンを目指すのは、会社にとって有益なことなのです。

大分以外にもネットワークあり

私たちの会社は大分をはじめとして、福岡、熊本、香川、そして徳島に拠点を構えています。この5エリアであれば、働く場所は自由に選べます。大分で採用された人が福岡や香川に行きたいと希望してもＯＫですし、実際そういう人はたくさんいます。

例えば、徳島でアマゾンの配送を手掛けていたとき、人員が足りなくなったので、大分本社でドライバーを募ったところ、3人の若者が手を挙げてくれました。移ってすでに3カ月が過ぎますが、すっかり徳島での生活が気に入って、ずっと住み続けたいとまで言っています。ちなみに、住まいは会社がアパートを提供し、家賃は折半しています。

ドライバー自身が「ここで働きたい」という意思を示すこともあります。特に若い人たちは新しい場所で仕事をする意欲が旺盛です。最近では、観光感覚でいろいろな場所を回るような働き方、いわゆるワーケーションやノマドワークが流行っていますが、それに近いものがあると思います。

家庭をもつ人からはなかなか手が挙がりませんが、逆に家庭の都合で県外に引っ越さなければならなくなった場合、営業エリア内であれば同じ待遇で働き続けることができます。

これはドライバーにとっても大きなメリットだと私は思います。福岡や熊本は大分よりも賃金の相場が高いため、もっと稼ぎたいと考える人にとっては、そちらで働くことも一つの選択肢になります。

そして何より、働く地域を変えることで、ドライバーとして学べることは多くなります。そのエリアの地域性はもちろん、住所表示の違いや、地域による顧客の特性の違いを学べ、人脈の増加といったメリットを享受することができます。これは将来、独立したときの大きな財産となるはずです。

会社としても現地で新規にドライバーを募集するより、気心の知れている委託ドライバーに県外に行ってもらうほうが好都合です。そういう意味でも、県をまたいでどんどん人材を流動させていきたいと考えています。

第5章

ドライバーの独立支援制度を業界全体に波及させる

同じ考え方、同じ手法の会社が増えれば軽貨物運送業界はもっと良くなる

業界改革をほかの地方にも広げたい

軽貨物の市場はどんどん拡大しているのですから、それを支えるドライバーの待遇や労働環境を整えて現状を変えていかなければいけません。早急に業界改革をしないと、ますます人手は足りなくなり、やがて軽貨物市場そのものが崩壊してしまうのではないかと、私は危機感を覚えています。

そのために私は、自社でできる改革を進めてきました。その甲斐あって多くのドライバーに集まってきてもらい、順調に事業を拡大しています。

しかし、自社だけでいくら頑張っても業界全体の改革にはつながりません。この波をほかの地方にも広げていきたいと考えています。

その方法としていちばん手っ取り早いのは、自社の業務エリアを拡大することです。結局、口で言っても伝わりません。実際に一緒に仕事をして、私たちと働くとこんなに楽しい、こんなに収入も上がる、そう実感してもらい、それを周りのドライバーや運送関係者に話してもらう、そうした地道な積み重ねでしか業界は変わらないと思います。

どのようにしてほかの地域に事業展開をしていくかと考えた際、方法はいろいろあると私は思っています。例えば、全国の主要都市に落下傘的に直属の人材を投下し、支社という名のクローン拠点をつくっていくパターンが考えられます。

あるいは、フランチャイズのような形で、エッセンスだけをなるべく多くのエリアに同時多発的に発生させていくパターンもあります。ほかにもさまざまなパターンがあると思いますが、これが絶対正解というものはないはずです。その業種や企業の特性、経営者の思い、予算もあると思います。１００人の経営者がいれば１００通りのやり方があるのがビジネスです。

私たちは本社所在地である大分を主拠点にしながら、少しずつエリアを拡大させていく戦略を取っています。やはり慣れた地域を基点にして、そこからじっくり戦略を練って、周囲のエリアから侵攻していくことを繰り返していくほうが、会社としてストレスがないと思うからです。特に運送業にとって最も大事なのはドライバーです。どれくらい、自社の理念に共感し、質の高いサービスを提供できるドライバーを確保・育成できるかが重要です。それもまた、口で言っても伝わりません。実行あるのみというか、実際に現場で仕事をしながらでないと身につきません。そうなると、私たちの会社のイズムが浸透したエリアで、働いてもらうことが必要です。

そのための場が今のところ大分なのです。ホームグラウンドでしっかり体をつくり、万全の体制で戦いに挑んでいきます。ホームグラウンドが広くなれば、その分遠くまで遠征できます。そのためには、少しずつイズムを浸透させていく方法が、時間は掛かりますが最も確実な方法だと考えています。

なお、大分の拠点の管理は私以外の人間がしています。ほかにも福岡、熊本、香川、徳島の拠点にもそれぞれにリーダーや管理者がいて、現場を取り仕切っています。

さらに細かくいえば、福岡と熊本に関しては元ドライバーが起こして私が出資している会社が管理しています。徳島・香川は私たちの役員１人と委託ドライバーの管理者が２人いるので、その３人に見てもらっています。大分は役員とリーダー合わせて８人くらいます。

したがって、私が現場にタッチすることはありません。中央集権的な構造ではなく、それぞれのエリアが独立採算制で責任をもって運営しています。誰か一人、どこか１カ所だけ飛び抜けた構造だと、そこに依存したり、逆に反発したりという力関係が生まれてしまいます。それは、組織として非常にストレスの掛かった状態なので、それは絶対に避けたいのです。

別に私は自分の帝国をつくりたいわけではありません。自分たちのやり方――つまり福利厚生や頑張った分だけ稼げる仕組み、キャリア形成の取り組みや研修制度など、私たちのイズムを全国に広げたいと考えているだけ、仲間を増やしたいだけなのです。

そう考えると、江戸時代のように幕府を頂点とした一極集中のヒエラルキー型組織より、戦国時代の大名のようにそれぞれが一国一城の主として気概をもって奮闘するのがいいように思います。そのほうがビジネス的なポテンシャルも高まりますし、イズムもしっかりと伝播していくように感じます。それをどれくらいのスピード感で、どのエリアまで拡大していくかは、今のところ検討中ですが、物流業界の未来に関する分岐点といえる２０２４年までには、なんらかの答え、成果を出したいと考えています。

仕組みに共感してくれる人を増やす

ビジネスを拡大していくのは経営者としては自然な流れだといえます。結論をいえば、いつか全国展開はしたいと考えています。しかし今は九州・四国を自分たちのグループでしっかり固める段階だと認識しています。

それはイズムに共感してくれる人との絆をしっかり深めていくということです。それができていないのに、無理に急いで拡大しようとすると、必ずほころびが生じます。高速道路網や鉄道網をどんなに遠くへ広げても、所々寸断されたら交通網の体をなしません。網の目を一つずつ、強く着実に結んでいく必要があります。

私たちにはそのための方法が2つあります。1つがドライバーの独立支援です。私たちの仕事を通してしっかりイズムを身につけたドライバーほど頼もしい存在はありません。そのドライバーが立ち上げる法人に出資して、エリアの一角を担ってもらうのです。

もう1つが、私たちの委託ドライバーや役員が現地に行ってエリアを広げるパターンです。どちらがいいというこだわりはありませんが、信頼できる人間を実際に現場に派遣するという部分では共通しています。

たびたび同業種の経営者からフランチャイズ展開はしないのかと聞かれることがあります。今のところフランチャイズは全然考えていません。なぜなら、軽貨物のビジネスがフランチャイズに向いていないと思うからです。フランチャイズとは会社の看板を借りて、その看板を磨いていくやり方です。フランチャイズを受ける側は、本部に入会金・加盟金、ロイヤリティを払い、仕事は自分たちで取ってきます。一方、委託契約は入会金・加盟金を取らずに、専属のエージェント契約を結びます。看板を使うことはありませんが、仕事は本部から斡旋してもらいます。

フランチャイズのメリットとしては、例えば全国的に有名な飲食チェーンなど、看板とメニューで集客ができる場合は、入会金・加盟金・ロイヤリティが高くても、その分ネームバリューで客を呼ぶことができます。

しかし、軽貨物はその必要がないと考えます。そこまで差別化できていないからです。軽貨物における差別化とはどういうことかというと、「この案件はあの会社に頼もう」とか「あそこのドライバーはサービスが良いから指名しよう」といった心理が利用者に働くということです。確かに業界内部、例えばアマゾンや大手宅配業者が私たちの会社を信頼できるといって発注してくれることはあります。しかし、荷物を受け取る客はそこまで意識していません。無事に荷物が届けばどの会社でも構わないのです。もちろん、軽貨物の世界でも、そうした差別化を図っていくべきだとは思いますが、ロイヤリティを取れるほど利益は生まれないと思います。

まずは、しっかりとした仕事をして、業界内での評価を高めることが先決だからです。強いていえば、会社独自に運送システムをつくり、このシステムを使えば利益が莫大に出る、そのためにのれん分けを受けるというのなら分かります。しかし、そういったシステムが実在するとは聞いたことがありません。実際は委託契約で済むものをフランチャイズでやっているだけ、入会金・加盟金・ロイヤリティを取りたいだけという会社が多いと感じます。

フランチャイズ形式で運営している軽貨物の会社は確かに存在しています。ただ、軽貨物の収益を考えたとき、委託契約ではなくフランチャイズで契約してしまうと、本部は儲かっているけど実際に稼働している会社やドライバーが儲かっていないということが往々にしてあります。

私もフランチャイズのすべてを知っているわけではありませんので断言はできませんが、そのようなイメージが強いのです。私には、ビジネスとは自分ではなく相手を儲けさせること、豊かにさせることだという信念があります。

今の私たちの会社でいう相手とは委託ドライバーです。しかしフランチャイズ方式では、軽貨物の運賃や単価を考えると、ドライバーに利益が出るとは思えません。利益が出るとうたう会社もありますが、とても理解できません。そうした会社で仕事をしていたドライバーたちに聞いてみると、ものすごい額のロイヤリティを取られていたり、たいしたノウハウやサポートを受けられなかったりと、別にフランチャイズではなく委託契約で十分ではないかと思う会社がほとんどでした。

そのうえで改めて、私たちの会社だったらどのようなフランチャイズの仕組みがつくれるかと考えたこともありますが、どうしてもフランチャイズで収益性のあるビジネスモデルをイメージできないのです。ですので、今のところフランチャイズによる事業展開策は考えていません。ただし、時代の変化によってビジネスのあり方は変わるので、フランチャイズを始めました、といきなり言いだす場合もあります。

ちなみにある大手軽貨物運送会社はフランチャイズの一種です。ただし昔だから通用したビジネスモデルだと思っています。軽貨物といえばその会社しかなかった時代なら、そのノウハウを学ぶために多少のロイヤリティを払ってもメリットがあったと思います。例えば定年後の高齢者がマイペースで稼ぐ分には十分利益が残ったからです。

しかし、今は軽貨物の業者が雨後の筍のように増えてきています。その結果、単価をギリギリまで絞って効率的に配送しないととても利益が出ない、厳しい競争状態になっています。要は看板やノウハウに資本や時間を掛ける余裕はありませんし、その必要性もないことに多くの新規参入者が気づいてしまったのです。大分でも、私が起業したときには同運送会社のトラックが80台くらいありましたが、最近は30台くらいにまで減っています。これは時代の趨勢《すうせい》というもので、仕方ないことだと思います。

そうした現実がある以上、昔のような入会金・加盟金を取って、フランチャイズこそ最良のビジネスモデルだとうたって新規参入者を取り込むのはまやかし以外のなにものでもないと思います。

実際に賢い新規参入者は「これフランチャイズじゃなくて委託契約でいいじゃないか」と気づいています。そうしたことに疎い、いわゆる情報弱者が食い物にされているといっても過言ではありません。ただし、あくまでもこれは私の個人的な見解です。誤解のないように伝えておきますが、フランチャイズ自体に詳しくないので、もし正当なやり方で結果も出している会社があれば教えてほしいとすら思っています。

とにかく、軽貨物の業界で悪徳業者がはびこっているのは由々しき問題です。それを解消するには、私たちのイズムを受け継いだ人が独立して、私たちと資本関係があるなしにかかわらず全国に散らばっていくことが業界を活性化させる有力な方法だと信じています。

ビジネスの視点で見れば、資本関係をもったグループ会社が増えることで、グループの年商が上がっていくメリットは当然あると思います。

しかし、そうした損得勘定は抜きにして、この業界が良くなってほしいと純粋に思っています。社会貢献というような大それたことを言うつもりはありませんが、結果的にはそれに近いと思っています。

きれいごとではなく、自分をここまで大きくしてくれた軽貨物業界には本当に感謝しています。だからこの業界がすごく下に見られたり、悪いように思われたりするのは本当につらいのです。自分の親が悪く言われている気分になります。

だから今は自分のメリットがどうのこうのというより、想いだけで動いているというのが、嘘偽りない気持ちです。

独立を後押し

これまで私は2社の独立支援をしたことがあります。1つは福岡エリアと熊本エリアの配送業務を任せています。社長を務めているのは、もともと私たちの会社で1年ドライバーとして働いてくれた人物です。その働きぶりを見て「自分の分身になれる」と思ったのと、本人も会社をもちたいという夢があったので、任せてみようと思ったのです。現在、熊本だけでも60人以上のドライバーを集めて頑張ってくれています。

もう1つの独立支援をした会社の社長を務めている者も同じく1年くらい個人事業主ドライバーとして頑張ってくれました。この会社は少し特殊で、営業に特化した会社です。そのため営業を続けるなかで取ってきた会社を、グループ会社間で受けています。もともとそのような仕組みをつくりたかったのですが、彼が営業力に長けていると分かったので、本人にも了承を得たうえで、当初から営業会社として設立をしました。

今のところ独立支援をしたのはこの2社ですが、もし今いる委託ドライバーが独立したいという意向を示したら、喜んで相談に乗るつもりです。社名も事業内容も決まりはありません。それぞれが存分に力を発揮できるような形で支援しながら、ゆるやかにつながっていき、こういう関係が網の目のように広がっていく、そんな事業拡大ができればと思っています。

こうした支援は、独立をしたい人々にとって相当な後押しになると思っています。やはり、一から会社をつくるとなると、すべてのリソースを自分でそろえないといけないからです。
例えばコピー機を１台用意するのにもお金が掛かります。軽貨物はいまだに紙ベースで業務管理している非ＤＸな業界なので、コピー機がないと仕事にならないのです。そういった部分の資金面でのハードルも、私が出資することでかなり低くなると思います。なおかつ情報共有できる仲間が周りにいるので、孤独感に苛まれることも減るはずです。
経営者とは会社の規模の大小にかかわらず孤独なものです。一人で重大な判断を日々下さなければなりません。その気持ちは私もよく分かっているので、いろいろ助けることができると思います。

このように独立支援したグループ会社に任せるのか、私たちの会社から委託リーダーを派遣して管理させるのかは、ケースバイケースでいいと思っています。ある人が自分の生まれ故郷の鹿児島で会社を立ち上げたいというならそれも縁だと思いますし、委託ドライバーのなかで管理やマネージメントに興味がある人がいたら、そのような仕事で力を発揮してもらうのもいいと思います。

この形での事業拡大にはもう一つ狙いがあります。それはドライバーにとってのセカンドステップになるということです。いちドライバー以上の仕事をしたいと思っても、やはり自分で会社を立ち上げるのはリスクがあります。

しかし、私たちの会社の委託のままリーダーとして他県で販路を拡大してもらう形なら、敷居が低くなります。そこで経験を積んでから、満を持して独立すればいいのです。

とある会社の社長さんは、「自分の会社から１００人の社長を創出したい」と豪語しています。私もその考えに大いに賛同します。ただし、社長という形にはこだわっていません。私たちの理念さえ共感してもらえれば、どんな肩書でもいいのです。そこは柔軟に考えたいです。

ただし、社員では難しいと思います。社員を希望している人には受け身の人が多いからです。委託リーダーや社長を目指す個人事業主のほうが、仕事に愛着をもって取り組んでいる印象です。また、そういう人のほうが目標値が高いのは、経験で感じています。スポーツでもそうだと思います。甲子園で優勝したいと強く思っているチームのほうが優勝する確率は絶対に高いです。少なくとも、初めからベスト4でいいと思っているチームは、結果的にベスト４にも届かないはずです。

これは、軽貨物業界と関係なく、これからの人材獲得のヒントになるのではないかと思っています。

今、多くの会社では、せっかく入社しても3年で辞めてしまうという現象が起きています。会社としては、せっかくお金を掛けて研修したのに、仕事を覚えたと思ったらすぐどこかに行ってしまう。それでは採算割れです。

優秀な人ほど独立意識も高いといわれています。ならば、初めから独立支援する前提で雇ったほうが、優秀な人材は入ってきやすいはずです。メジャー移籍前提で日本ハムファイターズに入団した大谷翔平選手のようなものです。リクルート社もそうです。リクルート社では30代になると年配社員といわれています。その理由は多くの人が20代、30代で独立してしまうからです。だからこそ優秀な人が集まるのだと思います。しかもリクルート社では、会社を辞めたあとでも横のつながりが強いそうです。これはアルムナイといって、最近注目されている企業のネットワークのあり方の一つです。

それと同じように、私たちの仕事を通じて志を同じくした仲間が１００人広がっていけば、確実に軽貨物業界は変わります。働き方や福利厚生のことを考えられるリーダーが増えれば、それだけ質のいいドライバーも増えるからです。質のいいドライバーが増えれば、同じ会社で働きたい、こんなドライバーになりたいと、志を高くした人材が入ってきます。そこからまた、独立志向のあるリーダーが育っていきます。そうした好循環が生まれればと思っています。

地方のほうが売上を拡大しやすい

地方は軽貨物運送のビジネスをするのに適しています。理由の一つとして、地方であれば競合が少なく拡大しやすいからです。また、地方の特性として、地元で就職して働きたいという人が比較的多いことも挙げられます。東京を中心とした関東に比べれば、野心に燃えているような人は少ないと考えられます。しかし、週1日休みながら35〜40万円稼げるという軽貨物は、ライフワークバランスを求める人々の満足感を満たすには十分です。

実際地方の人々は、軽貨物運送の収入や働き方に関心を寄せています。それは、自分なりの頑張りで、それなりに安定した収入を得られる手堅い商売だからです。都会の人間関係に疲れてUターンしてきた人々が、地方の軽貨物運送の世界で新たな活力を得て、いきいきと働いているケースもたくさんあります。

もちろん、一攫千金を狙いたい、成功して一国一城の主になりたいという人もいます。そういう人は頑張って月に１００万円稼げばいいのです。それができるのが軽貨物の懐の深さです。

もう一つ、地方で軽貨物運送をするメリットとしては、車社会だということが挙げられます。地方ではそもそも車が生活の必需品なので、軽貨物トラックを購入した場合、仕事以外に自家用車としても使えます。

また、都会で軽貨物運送を始めるとなれば、駐車場代だけでも地方の家賃ほどの費用が掛かります。家賃や駐車場が安いというメリットは、最終的な売上にも影響します。

例えば、年間売上が同じ６００万円の場合、関東であれば経費を差し引けば４００万円しか残らないこともありますが、地方であれば５００万円は残ると思います。このように考えると、地方での軽貨物ビジネスがもたらす利点は、見過ごせないものがあると思います。私たちの委託ドライバーにも、かつて東京で軽貨物を運んでいて、50歳を過ぎて大分に戻ってきた人がいます。その人も、地方でドライバーとして働くメリットはとても大きい、と言っていました。

　さらに地方は競合が少ないのもビジネス的には大きいです。案件数は都会のほうが断然多いですが、その分競合も多く、価格競争が激しいです。

　一方で、競争が少ない地方では価格が安定し、軽貨物に対する希少価値が高いといえます。

　この考え方は、パン販売店を経営しようとする場合にも当てはまります。都会だと競合が多く、多くの客が来ても利益が出にくいですが、地方でちょっとおしゃれなパン販売店を開くと、多くの地元の人たちが客として来てくれて、結果的に売上が増えるという事例が結構あります。都会では既存の市場や産業で激しい競争が繰り広げられているレッドオーシャンでも、地方ではまだ開拓されていない新たな市場や産業領域を指すブルーオーシャンであることが多いのです。ちなみに、東京や関東の経営者たちと話すと、地方でのビジネスを知らないため、「地方は利益が少ない」というネガティブなイメージをもっている人が多いです。しかし、全国展開を狙っている企業は、まず地方から攻めればいいと私は思います。地方にビジネスの強みがあるという視点は、さまざまな業界に当てはまるからです。

　実務の部分については、都会のようなタワーマンションや高額な駐車場がなく、配達が非常に楽だというメリットがあります。もちろん地方にもマンションはありますが、高層といってもたかが知れています。また、都会ほど宅配ボックスの争奪戦が激しくはありません。反面、地方の住所表示は東京のように整理されておらず、配達先を見つけるのに苦労する傾向はあります。また、1軒ごとの移動距離が長いため、ガソリン代が掛かってしまうというデメリットはあります。ただし激しい道路渋滞はありませんので、配達時間が計算できるという点では有利です。

　それらもふまえて総合的に考えると、都会で数多くの案件を低価格でこなすよりも、地方で適正な価格の仕事を適量こなすほうが幸せになれるのではないかと思います。収人に大きな差はないですが、ストレスを感じずに働けるのは地方の特権だといえます。

経営者志望の若者こそ地方の軽貨物を狙おう

経営者志望の人にとっても、地方にはさまざまな利点があります。例えば人が集まりやすいという点です。地方は良くも悪くも人間関係が濃いので、知り合いの誰かに一声掛ければ、その人のネットワークを通じて、たくさんの人が集まってくるということがあります。

なおかつ軽貨物は、それなりに休む時間が取れてそれなりに稼げるので、地方の人が望む働き方にマッチします。実際、求人を出すとすぐに応募が来ます。地方は軽貨物ドライバーの人材の宝庫といえます。

さらに軽貨物は事業への参入コストが比較的低いので、もし失敗したとしても大きな痛手を被りづらいというメリットがあります。

例えば、飲食店を開くためには何千万、何百万という開業資金が必要ですが、それだけのお金を投じても店が集客できない可能性があります。水商売とはそういうもので、当たれば大きいですが、リスクも相当大きいといえます。

しかし軽貨物は軽自動車1台あれば始められます。最悪ビジネスとして立ち行かなければ、マイカーとして使えばいいのです。車社会ならそうした転用もしやすいです。また、軽貨物は市場全体として拡大している段階です。そのため地方でも事業のチャンスは増えていきます。地方でもアマゾンの利用者はどんどん増えているので、仕事の量は増えていくと考えていいと思います。

向き不向きでいえば、特に都会で人間関係に疲れてUターンを考えている人にとっては、軽貨物ビジネスは非常に適した仕事だといえます。一人で仕事をすることになるため、人間関係のしがらみとは距離をおいて、マイペースで頑張ることができるからです。

そして、地方で軽貨物運送を手掛かりに事業を始め、その地域で一国一城の主となり、さらには他地域へも拡大していきたいという意欲的な人にとっての最大のメリットは、市場を独占できるということです。地方でも軽貨物市場が拡大中とはいえ、競合が少ない今なら確実に先行者利益を得られます。

ただし、今だけがチャンスです。すぐに市場はプレーヤーで一杯になってしまいます。このチャンスをつかむことができるかどうかがこれから軽貨物の業界で起業を考えている人にとっての鍵となるのです。

今まさに軽貨物業界は過渡期を迎えています。だからこそ、チャンスに早く気づき、すぐに行動を起こせる人が勝つのです。経験はそれほど必要ではありません。まずは思い切って飛び込んでみることです。

第6章

社会、経済の発展と密接に関わる〝ラストワンマイル〟

軽貨物運送のビジネスチャンスは無限大

AIの進化で運送業は変わるのか？

今なにかと話題のＡＩですが、物流の世界にもその波は着実に押し寄せてきています。具体的には、ＡＩを使って物流に関わる作業の効率化、ドライバーの業務改善を図ろうという動きが業界内外で活発です。

東洋経済の記事（２０２３年3月7日付）によると、荷物の重量や距離だけでなく、その内容や繁閑の差を反映した適正なトラック運賃を算出できないかという難題に、とあるベンチャー企業がＡＩで挑んでいます。運送会社は荷主に対する交渉力がなく、運賃を交渉するには、荷主側も納得できるような仕組みをつくる必要があるからです。同社が活用しようとしているのは「ダイナミックプライシング（動的価格設定）」の仕組みです。すでにホテル業界や航空業界では、繁閑の差によって客室や座席料金を変動させるダイナミックプライシングが定着していますが、これを物流業界でも導入しようというのです。

軽貨物において燃料費や人件費などの上昇分を荷主に価格転嫁してもらうのは現在難しい

状況ですが、ＡＩによる客観的な裏付けがあれば、それも可能になると思います。

軽貨物ではありませんが、日経新聞がＡＩを活用して引越し時の荷物量を自動で判別するシステムを導入する愛媛の運送業者の事例を紹介しています。繁閑の差が激しい引越し業では、繁忙期の人材不足が課題となっており、ＡＩを活用してスタッフの業務負担を減らすのが目的だそうです。

具体的には、顧客から家具などが写った室内の写真を送ってもらい、ＡＩがテーブルやイス、テレビなどを自動で判別します。数秒ほどで荷物リストを作成して依頼主に返送し、間違いや漏れがないかを確認してもらう仕組みです。

これまではスタッフが写真から目視で荷物の大きさなどを推測したうえで、顧客に電話で確認しながらリストを作成していました。しかし特に繁忙期は引越し作業に追われるなかで見積書を作成する必要があり、現場の負担が大きくなっていました。その結果、見積もり依頼への返答が翌日になってしまい、客が競合他社に流れるという事態もあったそうです。

しかしこの仕組みを使えば、それまで1時間掛かっていた見積書作成が5～10分で完

［図表 13］　令和 2 年度の事業用自動車の重大事故の発生状況

項目・内訳	バス			ハイ・タク	トラック	計
	乗合	貸切	特定			
重大事故の発生件数（件）	2,142	144	23	379	1.629	**4.315**
重大事故による死者数（人）	27	3	0	39	418	**487**
重大事故による重傷者数（人）	192	14	1	258	451	**916**
重大事故による軽症者数（人）	250	58	0	150	486	**944**

国土交通省「自動車運送事業に係る交通事故対策検討会報告書」より抜粋

了できます。この仕組みは、軽貨物運送の世界でも応用できそうな気がします。

価格、時短だけでなく、安全にもＡＩは貢献してくれそうです。交通・運輸・モビリティ産業向けのニュースサイト「Merkmal」（メルクマール）では、「トラック事故死『年間４００人超』ドライバー頼みの安全対策すぐ止めて、運送業界はＡＩに投資せよ」という気になる見出しの記事を掲載しています。筆者である自動車ライターの山下　駿氏は、市場規模約29兆円のうち6割を占めるトラック運送事業が国内の物流を支えているが、多くの問題に直面しており、なかでも重大事故が多いことが最大の問題と喝破しています。そして国土交通省の資料を引用して、トラック事故による年間の死者数が４１８人（２０２０年）でほかの自動車事故の死者数より圧倒的に多く、かつ重大事故になった際の死者数の割合も、バス全体（乗合、貸切、特定）では約１％、ハイヤー・タクシーでは約10%なのに対して、トラックは25%以上であると指摘しています。こうした事故はドライバーの心掛けだけでは減らないとし、そこで鍵を握るのがＡＩだと記事では展開されていました。米国はすでに、世界に先駆けてトラックの自動運転技術の開発を進めており、実現すれば安全性と生産性を向上させ運転手に掛かる心身への負担を軽減できるだろう、そして国内でも早急に対応すべきであると結んでいます。

軽貨物の配送の現場では、すでにＡＩが導入されています。

例えば、アマゾンの案件では、配送アプリに組み込まれたＡＩがルートを組んでくれます。荷物の配送先の住所を入力するだけで地図画面のエリア内にピンが立ち、そのとおりに行けば最も効率良く荷物を配れるという仕組みです。

ＡＩではありませんが、ＤＸ化も軽貨物業界では進んでいます。例えば荷物の追跡サービスです。配送中の車両を画面でクリックするだけで、荷物が今どこにあるか確認することができます。

また、ドライバーの点呼もいまやデジタル化が当たり前です。対面や電話で行い、紙の書類に記録していたのを、アプリなどツールでの入力に変えている会社が増えています。

こうしたツールが普及してきたのはここ5～6年です。特に配送アプリのおかげで、事前に住所を入力する手間はあるものの、未経験者でもすぐに配送に取り掛かることができるようになったのは仕事上の大きな進歩です。また、カーナビも昔は車に何十万円も掛けて装備していましたが、いまやスマホ一つで十分どころか、地図情報も常に最新なので、むしろナビは不要になっています。こうしたＡＩやＩＴのおかげで、ますます軽貨物業界への参入障壁が下がってきています。

技術の進化で軽貨物のビジネスがなくなることはない

日経新聞の記事（２０２２年11月15日付）によると、三井物産は無人運転の大型トラックによる物流事業を２０２６年度にも始めるそうです。決められたルートを遠隔監視で自動運転するレベル４の技術を使い、東京―大阪間の高速道路を走行します。レベル４とは「特定自動運行計画」を事前に都道府県公安委員会に提出したうえで、一定の条件を満たせば車内に運転手を必要としない自動運転のことを指します。レベル３ではなにか不備が起きた場合には人が対応しますが、レベル４では緊急時対応もシステムが行います。

レベル４が可能になれば、従来のレベル２やレベル３と異なり運転をシステム任せにできるようになります。また、一人で複数車両を遠隔監視できれば人件費を抑えることもできます。

日本では２０２３年４月にレベル４運転の許可制度を盛り込んだ改正道路交通法が成

立しました。まずは長距離輸送の部分から、高度な自動運転の実用化が広がりそうです。
軽貨物の主戦場であるラストワンマイルの部分でも、いつかは運転者不要の時代が来ると思います。しかし、まだまだラストワンマイルを担う軽貨物に自動運転が採用されるのは先のことだと断言できます。なぜなら、ラストワンマイルは、届けるだけが仕事ではないからです。

ラストワンマイルでは、単に商品を配達先まで運ぶだけでなく、複雑な道路状況のなかで適切に対応したり、荷物の状態を確認したり、場合によっては顧客との直接的なコミュニケーションを取ることも求められるからです。

これらは現在の無人運転技術だけではまだ対応できない課題であり、そのため運転者の存在はなくてはならないものとなっています。また、軽貨物運送では配達物のサイズや重さ、形状も多種多様で、それぞれに対応した取り扱いや保管が必要となります。これらの要素をすべて自動化するには、現行の技術ではまだまだ時間が必要です。

現実的な可能性としては、無人運転の車にある程度まとまった数の荷物を載せて、特定の停車場所まで届けるというものです。受取人はスマホでＩＤ認証をして、荷物を取り出すという仕組みです。

つまり、家まで届けるのではなく、客が途中まで受け取りに来るのです。この方式を無人配送の一部として考えると、人間が直接配送しなければならない部分の配送の効率化が見込めます。

もちろん、すべての受取人が自身で荷物を取りに行けるわけではありません。従来どおり家まで配達したり、マンションへの置き配をしたりするサービスは残ると考えています。それでも、家まで届けてほしくない人や、軽貨物ドライバー不足を少しでも解消しようと思ってくれる人がそのシステムを活用すれば、私たちの負担は相当減ると思います。

現存のコンビニエンスストアや街中のロッカーで受け取れるサービスの進化版ともいえるシステムだといえます。

ただし、この方式が広く普及するには、無人で自動運転できるレベル5の技術が必要です。そしてそれに伴う法律の改正など、無人配達車が街中を自由自在に走れる環境が整って初めて可能となります。

こうしたことを考えると、自動運転になることで軽貨物ドライバーの仕事がなくなるどころか、ドライバーは運転というストレスの多い労働から解放され、これまでとは違う配送サービスに携わることになると思います。私はこうした時代の流れから、むしろ軽貨物の仕事は増えていくと考えているのです。

自動運転とは別次元の話題として、ドローンによる貨物輸送の実証実験が動き出しています。ドローンが当たり前のように荷物を配達してくれる日は近づいているのです。

しかし、それも自動運転と同じで、まだまだ先の話です。たとえそれが広まったとしても、軽貨物運送業界の仕事がなくなるという事態は考えにくいです。ネガティブな考えをもつ同業者からは、ドローンがドライバーの仕事を奪うという声が聞こえてきますが、実際はラストワンマイルの効率化に寄与するだけだと思います。

なぜなら、軽貨物運送が取り扱う宅配の個数は年間48億個にも上り、前年比でも5億個ほど増加しているからです。このすべてがドローンによって運ばれることはあり得ません。

現実問題として、ドローンが一度に運べる荷物はせいぜい1個であり、年間48億個が空を飛ぶとなると、莫大な数のドローンが必要です。48億個の荷物が空を飛び交うような光景はほとんどＳＦの世界です。

もちろん、遠隔地や危険な場所、離島など限られた場所については、早々に実現するはずです。しかし普通の住宅街をドローンで運ぶのは、航空法の規制などもあるため、実現はなかなか難しいと思われます。

大手とは共存共栄でいける

これだけ将来性のある市場であれば、大手運送会社の寡占がますます進むのではないかと心配する人もいます。

しかし、軽貨物運送業界は他業種とは少し違った大手と中小企業の関係性があります。

例えばコンビニエンスストアやスーパーでは、大手による寡占が進んでいます。価格や配送の面でスケールメリットが働きやすいからです。その結果、中小企業経営のコンビニエンスストアはいまやほとんど淘汰されました。スーパーも経営統合が進んでいます。

しかし運送業界ではもちつもたれつの関係で成り立っています。それは、この業界が労働集約型であることから来ています。大手企業が雇用している社員だけでは、仕事のすべてをカバーするのは難しいからです。特に、日本の労働効率が低下している現在ではなおさらです。

大手企業にとって、すべてを社員雇用で賄おうとすると、社会保険料などのコストが大きな負担となります。それが理由でアウトソーシングが必要になり、そのときに中小企業の力が必要となるのです。

つまり、私の戦略は、大手と肩を並べて勝ちに行くのではなく、大手が必要なところに巧みに参入し、ビジネスパートナーとして共存していくことです。

大手が必要なところというのはどこかというと、大手の手が届かないところです。大手のドライバーは荷物を届けるだけであり、それ以上のことは規約でできません。

例えば、私たちは病院に資材を配送するチャーター便の仕事を請け負っていますが、実はヤマトからもらった仕事です。ヤマトが対応できないから、私たちがヤマトの代わりに入札に参加して仕事を取ったのです。その仕事は、配送と同時に検品や病院に着いてからの作業がいろいろあります。そうなると大手のサービスでは難しいのです。彼らは配送することに特化しているからです。

そのため中小の配送業者は、ただ配送だけするわけにはいきません。配送以外の仕事でも何でも請け負わなければ生き残れないのです。

例えば家電製品を配送したら設置と配線までするとか、ケータリングをしたあとに配膳のサービスまでするとか、お花の配送をしたら花を生けるところまでするとか、さまざまな付帯サービスを行っています。その代わりプラス料金は発生しますが、それでもやってほしい、アウトソーシングをしたいというメーカーや小売店は数多くあります。

大手はある意味ルールでがんじがらめになっていて、配送以上のことはドライバーにさせられません。それはまさにガリバーのジレンマです。

しかし中小はアイデア次第で何でもできます。そこが私たちの強みだと思っています。

例えばフードデリバリーはラストワンマイルの新しい市場の一つです。また、ネットスーパーもそうです。ネットスーパーやコンビニエンスストアの宅配は、子育て世帯や高齢者の一人暮らし世帯を支えています。家電量販店も最近は直接配送を行っています。あれも軽貨物業者が請け負っているのです。事務用品の配送などは、以前から軽貨物ドライバーの大事な稼ぎ口の一つです。

こう考えると、いかに世の中が軽貨物に支えられているか分かります。ある意味隙間産業ですが、塵も積もれば全体のボリュームとしては相当大きくなります。市場として非常に有望ですが、残念ながら大手はそこに入っていけません。その隙間を軽貨物が埋めているのです。まさに共存共栄です。

少し話が逸れますが、最近フィットネス業界ではコンビニフィットネスというのが流行っています。服を着替えずに、空いた時間で気軽に体が鍛えられるというもので、このような人間の隙間時間を活かしたビジネスは、無駄なく何かをしたい現代人の心理をついています。

そのブームを報道した記事で面白かったのは、ライバルは同業他社のトレーニングジムではなく、YouTubeやNetflixのような隙間時間で見るコンテンツだということで、消費者心理を巧みにつかんでいると感心しました。

実は宅配のドライバーも隙間時間に稼げるビジネスの一つです。実際にそのように働いている人はたくさんいます。しかも、体を動かすのでフィットネスジム代わりになります。お金を払って体を鍛えるのではなく、お金をもらって体を動かせるのです。

まさに一石二鳥であり、「ジムに行くより軽貨物」、そんな発想は軽貨物のドライバーには今までなかったと思いますが、今後はそういう売り方もしていきたいと思っています。

軽貨物中小企業の覇権争いが始まる

これからの軽貨物業界は、今までとは違ったアイデアのある会社や、営業力のある会社が勝ち残っていくと思います。収益の柱としては、大手3社と委託契約を結んで、そこから仕事をもらってドライバーを管理することをやりつつ、プラスアルファで何ができるかを常に考え続けることがマストになってくると思います。

例えば、私の知っている同業他社は、すべての車両にＡＥＤを搭載しています。軽貨物は地域を周遊しているので、万が一救急救命が必要な場面に遭遇したときは、ＡＥＤが役に立つからという理由です。もちろん搭載車両を運転するドライバーは全員ＡＥＤ講習を受けており、ＡＥＤの使用法に関しては熟知しています。

実際、ＡＥＤを使う場面などめったにないとは思いますが、そうした取り組みは良い宣伝になりますし、イメージアップにもつながります。なかなかうまい手だなと、同業者ながら感心しました。

私たちの会社では、大分の伝統的な風習である籠盛りの配送・設置の仕事を請け負っています。籠盛りというのは、仏壇などに飾るフルーツや装飾品のことです。これが結構なボリュームで、飾り付けが大変なのです。ならば設置までサービスで行おうということで、たいへん好評です。

私たちは、産業廃棄物の一般収集の資格ももっています。これは、法人でしか取れない資格です。

最近の家電量販店では、新しい家電を配送するときに、それまで使っていた古い家電を回収するというサービスが一般的です。その仕事を請け負うには、産業廃棄物の一般収集の資格が必要なのです。これは個人のドライバーにも、大手の配送会社にもできない、中小企業ならではの仕事です。回収以前に、家電製品を搬入するのには、ぶつけないように隙間ギリギリで入れるなど、特別な技術が必要です。

そうした部分の付加価値を身につけることで、ドライバーも配送単価を上げることが可能です。

生花の配送も、結婚式場などその日に花が必要なところに花を持っていき、そこに設置をしたり、検品業務をしたりといった付加価値サービスを行っています。設置だけでなくフラワーアレンジメントもできれば、新しい需要が出てくる可能性も考えられます。また、生花店で働きながら、隙間時間に配送をするというのも可能です。

家電配送の仕事なら、電気工事士の資格をもっていた場合、大きな武器になります。そういう資格をもっている人が設置をするとなれば安心だからです。

また、配送先の高齢者の住宅の電球交換のサービスをする会社もあります。これは見守りサービスにも近いので、自治体と契約して配送の合間に定期的に高齢者の家を回るというのも将来性があると考えられます。こういう付加価値を生み出せる会社は、軽貨物業界で伸びていくと私は考えているのです。

軽貨物はすべての業界につながっている

物が動くところに軽貨物の活躍の場がありますが、物が動かない業界はほとんどないと思います。鮮魚店なら魚という商品が動きますし、美容院でもシャンプーやタオルなどの動きがあります。それらを運ぶ業者が必ず存在するのです。

つまり、軽貨物はすべての業界につながっているのです。そこにこそ、軽貨物のチャンスが広がっています。

実際に軽貨物業界は、いろいろな業界と関わっています。私もヤマト運輸や日本郵便で働いているときに、いろんな会社・業種に集荷や配達をしてきました。そのときからいろいろな会社と取引があるのが物流業界なのだと思っていました。

ただし、そこにビジネスチャンスを見いだせるかどうかは、その人のやる気やアイデア次第です。そのアイデアや思いついたものを実行してきたのが私たちだという自負があります。

例えば、花の配送・カプセルトイの配送と入れ替え・塗料の配送・電材資材の配送・家電の配送、工場内での部品の配送、あとは夏だけのスポット的な籠盛りの配送もそうです。そうしたニーズを目ざとく見つけて、いち早く参入しました。

ボリュームでいえば、ＥＣの分野は今後も伸びていくだろうと思います。しかし、ここは差別化が難しい世界でもあります。荷物が増えてアウトソーシングの仕事が増えても、どの会社に発注しても同じだからです。勝負の分かれ目は、どれだけドライバーを確保して、数をこなせるかです。

要するにドライバーに対してインセンティブを上げ、福利厚生を整えるということです。それはそれで必要な施策ではありますが、パイの奪い合い、価格競争につながりやすいというデメリットがあります。体力がなくなった会社から脱落していくチキンレースになる可能性があります。

そうではなく、ほかの会社が目をつけていないところに目を向けることが、生き残りのための最善策です。その点、軽貨物はすべての業界とつながっているので、すみずみにまで目を凝らせば、今どの業界が盛り上がっているのか見えてくるはずです。盛り上がれば当然物もたくさん動きます。軽貨物としておいしい市場となるのです。

ではどこが盛り上がっているのか、その時々の経済状況や社会情勢にアンテナを張って狙える仕事はないかといつも牙を研いでおくことが肝心です。そうしておけば、ＥＣがダメになったときでも、すぐにリスクヘッジできます。そういう複合的な視点がこれからの軽貨物経営には必要です。

例えば、ドラッグストアの医薬品も宅配が可能になりました。こうした取り組みは今後、確かに伸びていくと思います。なぜなら病気をしない人はいないからです。

私たちはアマゾンのおかげで、家にいながらちょっとした買い物をして配送してもらう便利さを覚えてしまいました。そうした人間の行動心理は、テクノロジーの発達によってこれからも続いていくと思います。物を運ぶという需要はしばらくなくなりそうにありません。

軽貨物は接客業

前途洋々に見える軽貨物業界ですが、一つだけ課題があります。それは最終消費者とのタッチアップをどう差別化していくかです。

例えばとある高級家具店では、高級ソファーを配送する人は蝶ネクタイをしています。その家具の世界観を壊さないようにするためです。また、ウーバーも高級なジュエリーを配達する人はタキシードを着るそうです。それがその店のサービスの一つとなっているのです。

これらはユニークな例だとしても、もはや宅配ドライバーの範疇を超えています。

以前私は「軽貨物は接客業」だと思っていましたが、その流れは日本国内でも着実に進んでいます。例えば、ルート便でも取引先によってはスーツ着用がマストです。

特に薬品会社の医薬品を病院に配送する案件では、スーツと革靴の着用が求められます。ドライバーはある意味その会社の顔となるからです。

家電の設置の場合でも、客の家に入るわけですから、身だしなみや言葉遣い、たばこの匂いなどへの気遣いが当然必要になってきます。私たちの会社における委託契約書にも、制服の着用や、言葉遣いや身だしなみは社会人としてふさわしいものという文言があります。

正直それだけでは足りないと思っており、今後マニュアル動画をつくったり、外部講師を呼んで接遇マナー講習をしたりといった研修制度も視野に入れています。

これはまだ、私だけの考えですが、すでに軽貨物は接客業というフェーズに入っています。ただ物を配ればいいのではなく、どう配るか、そしてどのような人物が配るかまで考えなければいけないのです。例えば、同じ商品でも私たちに運んでもらうと気持ちがいい、だから高いお金を払っても私たちに頼みたい、といった思いはまさにサービス業の領域です。

人事面でも、今後は上場企業でクライアントの大手企業と渡り合ってきたとか、高級ホテルで一流のマナーを身につけてきたという人が、軽貨物ドライバーの人材として求められていくと考えられます。私もそうした人材を積極的に採用していきたいと思っています。

そして、私たちと一緒に働けることができれば、配送技術と社会人マナーが身につく、そんなふうに言われる会社になればうれしいです。

実体のあるビジネスで汗をかく

今、若者たちが成り上がろうと思えば、まずはＩＴ業界に足を踏み入れ、自らのアプリを開発し、六本木ヒルズのようなスタイリッシュなオフィスで働きたいという夢を描くと思います。

しかし、私はこの風潮に少し疑問を感じています。特にコロナ禍が過ぎた今、こうした時代はもう終わりなのではないかと思わざるを得ません。

私は実体のあるビジネス、つまり汗を流し、物事を体験することが、仕事の本質だと信じています。それは、軽貨物運送という物流の最前線で実感できます。この業界には「働きがい」という明確な価値が存在します。

そうはいっても、軽貨物業界でＩＴ長者のように一夜にして成功するのは正直難しいと思います。もちろんイーロン・マスクのように自ら宇宙船をつくって飛ばせるだけの大富豪になるのは難しいです。

ただし、安定した収入とリスクの低さは、ほかのビジネスと比較しても秀でています。逆にいえば特別な才能やコネがなくても、コツコツ汗を流して働けば、誰でも成功できるということです。そういう意味では、軽貨物業界には大きな可能性と夢が存在します。

ワタミの代表取締役会長兼社長の渡邉美樹さんは、若い頃1年間運送会社で働き、資本金を貯めて居酒屋を創業しました。当時は事業を始めるためのステップでしかなかったと思いますが、今は軽貨物業界にいながら事業拡大の夢を追うことができます。

そのために最も重要な要素はハート、つまり情熱です。労働集約型で人間の存在が不可欠なこの業界では、一貫して地道に働き、チームを組み、経営に励む人々が、最終的には成功を収めます。そうした地道に積み上げて成功を手にすることは、ほかの業界で成功を収めるよりも達成感を得られると私は確信しています。

地道に積み上げていく労働集約型のビジネスは時間と根気が必要です。しかし一度積み上げた岩は崩れにくいといえます。

私たちもこの7年半で、軽トラ1台から始めた頃には考えられなかった人数のドライバーが在籍するようになりました。それだけの発注をもらっている証拠で、私たちの強みです。この何百人というドライバーは、一朝一夕には確保できません。ＳＮＳのフォロワーをお金で買うのとはわけが違うのです。それこそ、コツコツやってこないと、この数は確保できません。実体のあるビジネスで汗をかき続けてきた私の唯一自慢できる勲章だと思っています。

これからの若者が軽貨物の未来をつくる

スマホで購入した商品が翌日には届くというこの当たり前の光景も、数年後には見られなくなる可能性を秘めています。それほど、軽貨物のドライバー不足は深刻です。

日本ロジスティクスシステム協会の報告書「ロジスティクスコンセプト２０３０」は、道路貨物運送業で働く若年層の減少について警鐘を鳴らしています。道路貨物運送業の労働人口の指数において、55歳以上の割合が全産業と比べてほぼ並行して上昇しているのに対し、29歳以下の若者の減少の割合が、全産業と比べて年々差が開いてきているからです。

つまり、このまま進むと、貨物運送業で働く人は高齢者ばかりになってしまいます。高齢者はいつか仕事ができなくなります。そのとき大量の荷物を誰が運ぶのかが問題となります。軽貨物はＡＩや自動運転といったテクノロジーが及びにくい領域なのです。

［図表14］　道路貨物運送業で働く若年層の減少

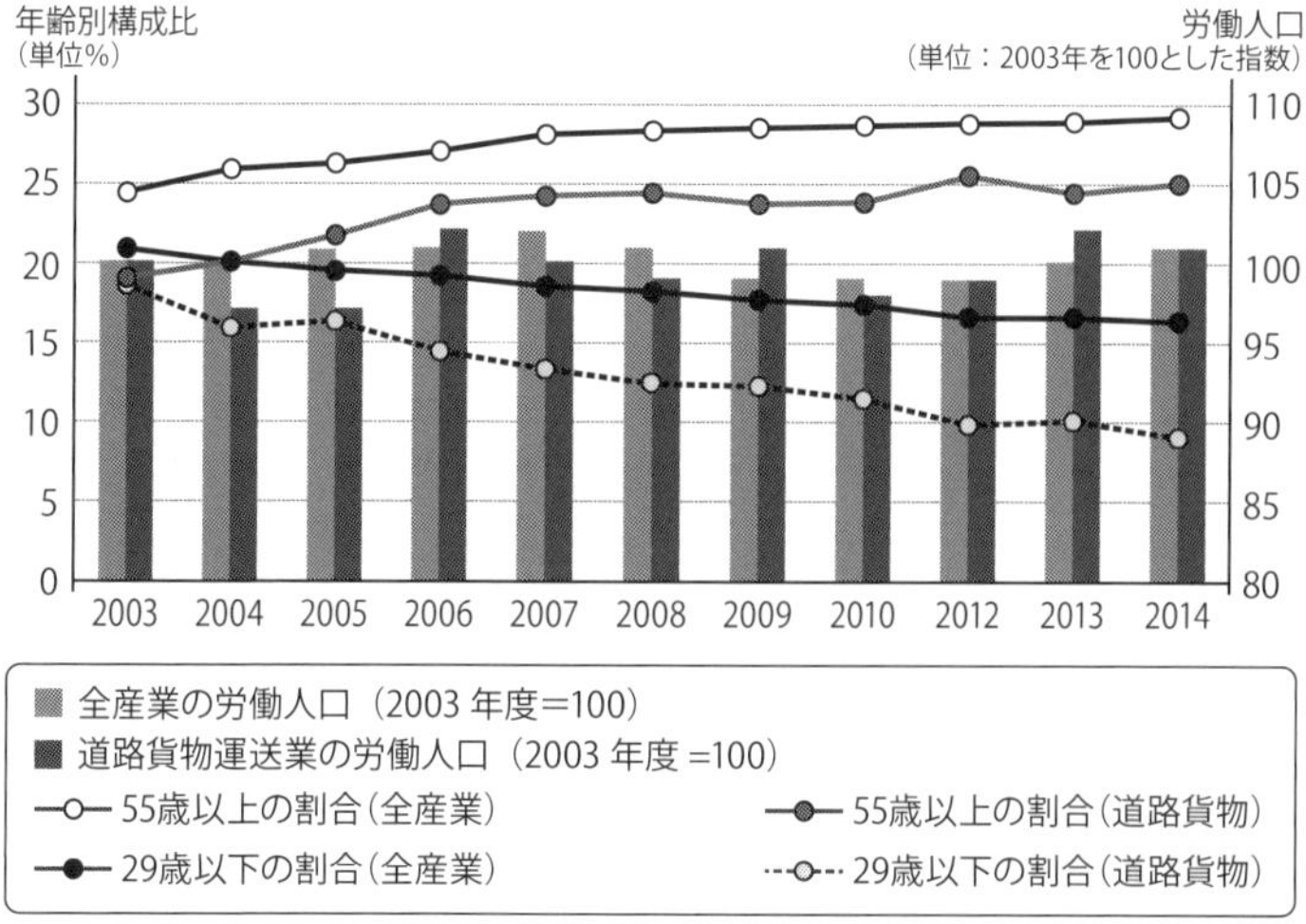

出典：日本ロジスティクスシステム協会の報告書「ロジスティクスコンセプト2030」

軽貨物の未来は若者たちに掛かっているというと、変なプレッシャーを感じてしまうと思います。しかし、それをむしろチャンスととらえてほしいのです。なぜなら、若者にとっては売り手市場ということだからです。経験がなくても、若いというだけで歓迎されるのです。そういう業界は意外と少ないのではないかと思います。

今は格差社会といわれています。同じ20代でも大金を稼いで良い生活をしている人がいる一方で、不器用でなかなかそういうことができず苦労している人もいます。残念ながら皆が器用にはできないし、学歴があるわけではありません。でもそれが人生の終わりでもないはずです。

実際、私は裸一貫でここまで来ました。こんな私でもここまでできたのだから、私を目指して、追い抜いていくことなど簡単だと思うのです。

会社など、法人登記の費用に30万円くらい、資本金1円でつくれます。誰でも社長になれるのです。もちろん、年商何億円とか、経常利益数千万円という会社に成長させられるのは一握りの経営者だけです。

しかし、希少価値がある会社、ここだけはほかの誰にも負けない会社、つまりオンリーワンの会社なら、努力次第で誰でもつくれます。

これからの軽貨物業界で成功する鍵は「共創」と「競争」です。まずは、大手輸送会社とともに協力し合って、業界を盛り上げていこうという気概が必要です。同業他社同士で仕事を回し合うのもこの業界ならではといえます。

その一方で、それぞれで価値を見いだしつつ、戦っていくことが必要です。足の引っ張り合いや潰し合い、あげ足取りではなく、自分のほうがいいサービスが提供できる、もっとドライバーさんにいい待遇ができる、そうやって切磋琢磨し合える仲間をどれくらいつくれるかが業界全体の改革には必要不可欠です。

改めて、物流業界の未来をつくるのは若者です。ひいては日本経済を盛り上げていくのも若者です。そうなってくれなければ日本は崩壊します。大袈裟ではなく、それほど軽貨物とは、責任重大でやりがいも大きい仕事なのです。

おわりに

この本を書いている途中、２０２３年5月に、私は36歳になりました。かねてより公言していますが、私は5年以内にグループ年商１００億円を目指しています。そのためには何が必要なのかというと、この業界に入ってきて、一緒に盛り上げてくれる仲間です。

仲間を増やすには、まずこの業界の魅力を知ってもらうことが肝心です。そのために、このような本を書こうと思いました。良いところだけでなく、悪いところもすべて包み隠さず書いたつもりです。

そのうえで、軽貨物って面白そうだなと、一人でも思ってくれればうれしいです。そして、一緒にこの業界を盛り上げていってほしいと思います。１００億円というのは5年以内の途中目標であって、それ以降に関しては業界にもっと大きいインパクトを残せるような立ち位置に上り詰めたいと思っています。

私は自衛隊に2年いて、それから大手運送会社に8年と、公務員・会社員を都合10年やりました。そのなかで接した人たちで、心の底から輝いている人は見たことがありません。現状に不満を抱えているけれど家族がいるから仕方ないとか、定年まではこんな感じでやろうとか、当たり障りない程度にやっている人たちばかりです。それで幸せだったらいいけれど、目が死んでいたり、全然楽しそうに笑っていなかったりします。それで鬱になって自死を選ぶ人が日本には年間2万人以上います。これからの若い人には、そういう不幸な方向には行ってほしくありません。

こういう話は、大きい視点で見ると政治の問題だと思います。しかし、小さい視点で見れば、私たちにだってできることはあると思います。雇用の創出や、こういう生き方や、こういう稼ぎ方があるんだというイズムを、多くの人に伝えることも一つです。それが結果的に会社のためになると信じています。

そのように思った理由は、自分が事業を行うなかで、いろいろなドライバーと接してきて、借金を抱えていたり、奥さんに逃げられたりと、不幸な経験をしてきた人が多いと感じたからです。そういう人を見れば見るほど、経営者としてなんとかしなければならないという、社会的使命を感じます。

おかげで、何百人もドライバーを雇うことができ、まだまだ十分とは思っていませんが、どこよりも働きがいのある職場をつくれていると感じています。これだけは胸を張って言えます。

なかには、私が優秀だから、特別だからできると考える人がいると思いますが、そんなことはまったくありません。私は家も貧乏だったし、両親はお金のことでいつも喧嘩していました。高卒で高学歴でもなく、自分が優秀だと思ったことなど1ミリもありません。

ただ一つ、ほかの人より何か違うところがあったとすれば、誰よりも強い気持ちでこの軽貨物の仕事に取り組んできたことです。私はこういう精神論的なことを言うのは好きではないのですが、やっぱり自分がやってきたなかで秀でているのはそこなのです。考え方次第で自分の稼ぎは変えられると本気で思っています。

「親ガチャ」という言葉が昨今流行っていますが、ガチャでハズレを引いたと思えることなんて誰にでもあります。身をおく環境においても同様です。広い視野で見たとき、ハンデを背負っていない人間なんて誰もいません。才能・能力・運は皆それぞれ違うし、それぞれに劣等感を抱いているはずです。

確かに1億数千万人のうち0・01%くらいは劣等感はないという人がいると思います。でも世の中の99・99%の人は運のない人間だと思っていたり、劣等感を抱いていたりすると思います。つまり僕も皆と一緒だということなのです。大事なのは、自分の仕事を本当に面白いと思ってやれるかどうかです。「好きこそものの上手なれ」という言葉があるように、好きだから誰よりも熱中してやれるし、知識が身について、誰よりも考えられるのです。

そして、もう一つ大切なことがあります。私は勤め人のときも含めて、嫌なことでも楽しもうという気持ちでやってきました。「これ楽しいな」と思える、そのマインドをもつことだけが、人生のつらい時期を乗り越えるコツだと思っています。それを言うと、そういったマインドをもつことも才能だと言われたことがあります。努力できることも才能で、結局は遺伝子の作用だよと言われてしまえば身も蓋もありませんが、それでも軽貨物は、そこまで熱がなくても、才能がなくても、楽しめるビジネスだと思います。それはこれまで業界の裏表を十分に見てきた私だからこそ言えることだと思っています。

始めてみて、やっぱり自分には適性がないと判断するのももちろんアリです。でも自分はこの業界なら熱くいられる、楽しめる、そう思ったら続けてほしいと思います。さらに法人化して人を集めてよりのし上がっていきたいと思えたら、それは才能がある証拠です。

誰でも成功できるなどという甘い言葉は使ったことがないし、実際そんなことはないと思っています。その人の運や考え方は、結局その人自身でしか変えられません。でも、これだけは言えます。誰よりも強い気持ちで取り組めば、誰よりもこの仕事が好きになれるはずです。誰よりも面白がってやれれば、きっと道は拓けます。

だから、とにかくやってみればいいのです。軽貨物は、良い意味でも悪い意味でも敷居が低い商売なので、自分に適性があるかどうかを試すだけでもＯＫです。現実的な話をすると、仮に今からＩＴでアプリをつくって儲けようと思ったら、プログラミングを覚えないといけません。外資系のコンサルタントになるのも無理な話です。そういう仕事はすごくハードルが高いので、自分に合うか試そうと思って始めるのは非常にリスクがあります。しかし、軽貨物は今すぐに始められます。しかも再現性が高いビジネスなので、ある程度成功する可能性が高いといえます。

しかし、そこから先、桁違いに稼ごうと思ったら、どこの業態でも一緒で、それなりに勉強しないといけないし、努力も必要です。でも先人に経験している人がいて仕組みもすでにあるため、それを活用することで苦労は軽減するはずです。そのあたりのノウハウを、直接会って伝えたい、そして必ず幸せになってほしいと思います。それがこの本で、僕が最後に伝えたいメッセージです。なんだかんだ言って、ガチャを回すのはあなた自身なのですから。

株式会社ＡＥトランスポート
代表取締役　野田慎太郎

【著者プロフィール】

野田 慎太郎（のだ しんたろう）

1987年大分県生まれ。自衛隊勤務を経験したあと、20歳でヤマト運輸にアルバイトとして入社。22歳で正社員登用と同時に管理職であるセンター長へ就任し幅広い業務を担当。24歳で日本郵便に転職。28歳で同社を退社し、自身を成長させてくれた物流業界に恩返しをすべくAEトランスポートを設立。株式会社AE物流と株式会社KAZEの出資者であり役員でもある。ドライバーが事故に見舞われた際に迅速な対応を可能にするため、保険の代理店を自社で運営。すべての関係者が「頼んで良かった」「やって良かった」と価値を実感できる会社を目指す。2022年11月より飲食業にも挑戦。BARAEROのオーナーでもある。座右の銘は「百折不撓（ひゃくせつふとう）」、大切にしているものは信念、プロ意識。軽貨物運送業や物流の世界の魅力を伝えるためにYouTube AEチャンネルも運営。

本書についての
ご意見・ご感想はコチラ

ラストワンマイルの使命

2023年8月18日　第1刷発行

著　者　　野田慎太郎
発行人　　久保田貴幸

発行元　　株式会社 幻冬舎メディアコンサルティング
〒151-0051　東京都渋谷区千駄ヶ谷4-9-7
電話　03-5411-6440（編集）

発売元　　株式会社 幻冬舎
〒151-0051　東京都渋谷区千駄ヶ谷4-9-7
電話　03-5411-6222（営業）

印刷・製本　中央精版印刷株式会社
装　丁　　村上次郎

検印廃止

Printed in Japan
ISBN 978-4-344-94703-0 C0034
幻冬舎メディアコンサルティングＨＰ
https://www.gentosha-mc.com/